38세까지 반드시 결정해야 할 것들

38SAIMADENI KIMETEOKITAIKOTO
ⓒ HIROSHI OGURA 2012
Originally published in Japan in 2012 by NIPPON JITSUGYO PUBLISHING., TOKYO,
Korean translation rights arranged with NIPPON JITSUGYO PUBLISHING., TOKYO,
through TOHAN CORPORATION, TOKYO, and YU RI JANG AGENCY, SEOUL.

이 책의 한국어판 저작권은 유·리·장 에이전시를 통한 저작권자와의 독점 계약으로 나라원에 있습니다.
저작권법에 의해 한국 내에서 보호를 받는 저작물이므로
무단 전재와 무단 복제를 금합니다.

후회 없는 인생을 위해
38세까지
반드시 결정해야 할 것들

오구라 히로시 지음 | 김정환 옮김

나라원

| 프롤로그 |

40대를 멋지게 맞이하기 위해 지금 결정해야 할 것들

인생의 반환점에서 내린 결정

우리의 평균 수명을 80세라고 가정하면 40세는 인생의 딱 절반, 마라톤으로 치면 반환점에 해당한다. 그래서일까? 7년 전에 40세를 맞이했을 때 내가 느꼈던 감동은 20세나 30세가 되었을 때와는 비교도 할 수 없을 만큼 컸다.

40세가 된 나는 한 가지 결정을 내렸다. "이제 절반밖에 남지 않은 인생, 좋아하는 일만 하자!"

좋아하는 일만 하자. 싫어하는 일까지 할 여유가 없다.
좋아하는 사람하고만 인간관계를 맺자. 싫어하는 사람까지 만날 시간은 없다.

좋아하는 식당에서만 식사를 하자. 맛집을 새로 개척할 여유가 없다.

단순하게 보면 자기중심적인 삶의 방식으로 보일지 모른다. 또 세상은 그렇게 만만한 곳이 아니라고 비웃을지 모른다. 그러나 나는 그렇게 생각하지 않는다.
좋아하는 일을 하기 위해서는 싫은 일도 해야 할 때가 있다. 이때 어디까지나 좋아하는 일을 하기 위한 부수적인 수단이라고 생각한다면 하기 싫은 일에도 의연해질 수 있다. 나 역시도 좋아하는 일만 하겠다고 결심한 뒤로 괴로운 일이라는 것은 존재하지 않게 되었다. 하루 24시간 동안 하는 모든 활동이 좋아하는 일을 위한 것이 되었기 때문이다. 이 순간, 나의 인생은 극적으로 바뀌었다.

초라한 40대 vs. 멋진 40대. 그 차이는 삶의 방식에 있다

좋아하는 일만 하는 삶의 방식, 이것을 달리 표현하면 내가 좋아하는 일을 스스로 선택하고 결정한 삶의 방식이라고 할 수 있다.

'상사가 시키니까 마지못해 하는 일'
'아내가 저기압이어서 어쩔 수 없이 돕는 집안일'

이렇게 하고 싶지 않은 일을 억지로 할 때 사람은 불평불만이나 원망을 터뜨린다. 40세를 넘겨서도 이런 모습이라면 사람들은 '초라한 40대'라고 생각할 것이다. 그러나 아무리 힘든 일이라 해도 그것을 자신의 의지로 결정하고 몰두하는 사람은 밝게 빛난다. 곧 '멋진 40대'로 인식된다.

모든 일을 내 의지로 결정한 순간부터 내 인생은 극적으로 바뀌었고, 많은 30대에게 이런 말을 듣게 되었다.
"오구라 씨가 사는 모습을 보면 정말 멋집니다. 저도 오구라 씨처럼 살고 싶습니다."
그리고 언제부터인가 사람들은 나를 '30대의 멘토'라고 부르기 시작했다.

회사에 남기로 결정하다

결정한다는 것은 반드시 멋지고 화려한 결단만을 의미하지는 않는다. 나는 '독립한다', '회사를 옮긴다' 같은 언뜻 용감해 보이는 행동만이 멋진 결단은 아니라고 생각한다.

"줄곧 독립을 생각해왔어. 하지만 늙은 부모님도 모셔야 하고, 주택 대출금도 갚아야 하고, 아이들 교육비도 벌어야 하잖아? 그래서 고민 끝에 이 회사에 눌러앉기로 결정했어."

내게 이렇게 말한 친구가 있었다. 그때 내 눈에는 그 친구가 진심으로 멋있어 보였다. 무엇을 결정했느냐는 중요하지 않다. 결정했다는 것 자체가 중요하다. 그 친구는 내게 이 사실을 가르쳐줬다.

'결정하지도 못하니 참 못났다. 미뤄두기만 하니 초라하다.'
'결정하고 나니 후련하다. 결정했기에 멋지다.'

나는 멋진 40대를 맞이하기 위해 30대까지 결정해야 할 것들을 소개했다. 이 책이 당신의 40대를 풍요롭게 만드는 데 조금이나마 도움이 되기를 바란다.

지은이 오구라 히로시

contents

| **프롤로그** | 40대를 멋지게 맞이하기 위해 지금 결정해야 할 것들 • 4

Chapter 1.
과연 40대에는 흔들리지 않을까?

01 40대도 방황한다. 그러나 결정은 할 수 있다 • 14
02 더 이상 머뭇거릴 시간이 없다 • 18
03 당장 내일 할 일부터 결정하라 • 23

Chapter 2.
인생의 마지막 직업과 직장을 결정한다

01 당신은 무엇을 하기 위해 태어났는가? • 28
02 눈앞의 일을 우직하게 밀고 나간다 • 32
03 지금 하고 있는 일에 전문성을 갖춘다 • 37
04 내 삶의 방식에 가장 적합한 길을 선택한다 • 41
05 독립할지, 이직할지, 회사에 남을지 결정한다 • 46
06 리더나 관리직이 되면 나보다 팀을 우선한다 • 50
07 출세를 위해 일하지 말고 일을 위해 출세하라 • 54

Chapter 3.
평생을 함께할 가족에 대해 결정한다

01 서로 맞지 않게 되더라도 평생을 함께한다 • 60
02 자녀의 인생을 통제하려는 생각을 버린다 • 64
03 부모님께 기쁨을 드리는 시간을 마련한다 • 68
04 세계 제일의 아빠, 엄마, 남편, 아내가 되라 • 72
05 가족에 대한 배려를 가장 우선한다 • 76

Chapter 4.
대인관계의 방침을 결정한다

01 인생을 함께 걸어갈 친구를 사귄다 • 82
02 친구를 소중히 여기는 마음을 실천한다 • 86
03 멘토를 얻기 위해 완벽주의를 버린다 • 90
04 후배나 젊은 세대를 진심으로 응원한다 • 96
05 다른 분야의 사람과도 인간관계를 맺는다 • 101

Chapter 5.
돈을 어떻게 벌고 쓸지 결정한다

01 정년퇴직 후에도 평생 현역으로 일한다 • 106
02 회사에 기대지 않고도 돈 버는 능력을 갖춘다 • 110
03 세를 들 것인가, 내 집을 살 것인가? • 114
04 도심에서 살 것인가, 교외에서 살 것인가? • 118
05 타인을 위해 돈 쓰는 행복을 누린다 • 123

Chapter 6.
어떤 몸과 마음으로 살지 결정한다

01 일시적인 다이어트는 하지 않는다 • 128
02 평생 할 수 있는 운동을 결정한다 • 133
03 질 좋은 수면 습관을 기른다 • 137
04 자신만의 스트레스 해소법을 찾는다 • 141
05 마음의 여유를 되찾는 시간을 갖는다 • 145

Chapter 7.
평생 계속할 취미를 결정한다

01 취미는 인생과 일에 영향을 준다 • 152
02 취미의 목표와 비전을 결정한다 • 156
03 취미 생활을 습관화한다 • 161

04 커뮤니티로 인생을 풍요롭게 만든다 • 165
05 동네에 단골 가게를 만든다 • 169

Chapter 8.
평생 계속할 습관을 결정한다

01 매일의 습관이 인생을 결정한다 • 174
02 하루 24시간의 기본 사이클을 정한다 • 178
03 인간관계를 소중히 여기는 습관을 들인다 • 182
04 공부하는 습관을 들인다 • 186
05 메모하는 습관을 기른다 • 191

Chapter 9.
흔들리지 않는 가치관을 만든다

01 상대의 평가를 신경 쓰지 않는다 • 198
02 나 자신의 평가는 스스로 한다 • 203
03 덕을 쌓으며 살겠다 • 207
04 스스로에게 하는 변명은 이제 그만 • 212
05 스스로 정한 운명을 받아들인다 • 216

| 에필로그 | 리더십이란 인생을 사는 자세다 • 220

Chapter 1.
과연 40대에는 흔들리지 않을까?

01

40대도 방황한다.
그러나 결정은 내릴 수 있다

멋진 인생을 원한다면 40대 전에 결정하자

옛 동료들과 오랜만에 술을 마실 때였다. "벌써 40대도 절반이 지나갔구나"라며 친구와 이야기를 나누고 있는데, 한 친구가 나를 보며 진지한 표정으로 이렇게 말했다. "오구라, 내 적성에 맞는 일은 과연 뭘까?", "정말 이대로 쭉 살아도 되는 걸까?" 나는 그 친구의 말을 듣고 새삼 느꼈다. '그렇구나. 40세를 넘겨서도 다들 갈등하고 고민을 하는구나.'

흔히 40대를 가리켜 흔들리지 않는다는 뜻으로 '불혹'이라고 한다. 그러나 내가 아는 거의 모든 40대는 여전히 고민하고 방황한다. 나는 다행히 40세가 되었을 무렵부터 조금씩 방황하지 않게 되었지만, 30대에는 그들처럼 방황을 했다.

세상에는 40대 중반을 훌쩍 넘겨 50세가 가까워진 나이에도 불구하고 '이 일이 과연 내 천직일까?', '내 적성에 맞는 일이 따로 있지 않을까?'라고 고민하는 사람이 있다. 이것은 결코 보기 드문 일이 아니다. 그러나 그런 모습을 멋지다고 생각하는 사람은 아무도 없다. 행복해 보인다고 생각하는 사람도 없다.

40대에 방황해서는 안 된다고 말할 생각은 털끝만큼도 없다. 그러나 40대에는 자신의 삶의 방식이나 직업에 대해 "이거다!"라고 명확하게 결정되어 있는 편이 훨씬 멋져 보이며, 행복해 보인다. 멋진 40대와 초라한 40대, 이 둘을 가르는 분수령은 자신만의 삶의 방식을 '결정했느냐 아니냐'가 아닐까? 나는 그렇게 생각한다.

어떤 고난과 어려움이 와도 그만두지 않는다

"나는 지금 다니는 회사에 뼈를 묻기로 결정했어."

말은 이렇게 하면서도 끊임없이 회사에 대한 불평을 늘어놓는 사람이 있다. 본인은 결정했다고 생각할지 모르지만 이것은 결정한 것이 아니다. 진정 회사에 뼈를 묻기로 결정했다면 회사에 불평을 할 리가 없다. 자신의 의지로 결정해 회사에 남은 것이 아니기 때문에 불평을 하는 것이다.

40대의 '결정'은 '결단'이다. 결단을 내린다는 것은 단순히 결정하는 것이 아니라 어떤 고난과 어려움에 부딪혀도 바꾸거나 포기하지 않는 것이다. 폭풍이 몰아친다고 해서, 반대가 심하다고 해서 그만둔다면 그것은 결단이 아니다. 생각지도 못한 문제가 발생하거나 주위의 맹렬한 반대에 대해 미리 예상한 뒤 '그래도 하겠다'라는 결단을 내리는 것, 이것이 40대의 '결정'이다.

나는 지금의 회사를 회장과 공동으로 경영하고 있다. 회장과는 수도 없이 싸웠고, 같이 일을 못해먹겠다고 생각한 적도 많았다. 그러나 '우리는 무슨 일이 있어도 함께한다'라고 결정한 뒤 회사 경영을 시작했다. 그러므로 '일이 잘 풀리면 계속한다', '아니면 그만둔다'라는 선택지는 없다. 함께하기로 결정한 이상 다른 선택지는 존재하지 않는다.

그러나 많은 사람이 어떤 결정도 하지 않은 채로 10년, 20년을 일한다. 결정하지 않은 인생을 10년, 20년씩 걷기란 필시 괴로울 것이다. 그렇다면 일단 그 회사에 남는다, 혹은 남지 않는다고 결정해보자. 어느 쪽이든 결정하는 것이 중요하다. 그리고 그 결정을 따라 열심히 달려나가자.

40대가 되기 전에 결정해야 하는 세 가지 이유

40대가 되기 전에 중요한 삶의 결정을 해두는 것이 좋은 이유는 무엇일까? 여기에는 세 가지 이유가 있다.

첫 번째 이유는 외부 환경이다. 옛날부터 35세가 넘어가면 이직이 어려워진다는 이야기가 있다. 지금은 구인 광고에서 연령 제한

이 사라졌다. 그러나 커리어 카운슬러에게 들은 이야기로는 40대가 되는 순간 이직이 어려워진다고 한다. 일반 공모를 통한 이직의 문이 좁아진 40대는 흔들리지 말고 일에 집중해야 할 시기이다.

두 번째 이유는 내부 환경, 즉 가족 문제다. 20대나 30대에 자녀가 태어났다면 40대는 자녀의 교육비로 지출이 쌓이는 시기이다. 또 집을 샀다면 대출금을 갚아야 하고, 나아가 부모님의 개호비가 필요해진다. 이와 같이 40대는 경제적인 측면에서 상당한 제약을 받는 시기이다. 30대처럼 하고 싶은 일을 자유롭게 할 수가 없다.

세 번째 이유는 40대가 인생의 반환점이기 때문이다. 현대인의 평균수명은 대략 80세로, 40대는 인생의 딱 절반이다. 게다가 현역으로 일할 수 있는 나이를 65세까지로 보면 25세에 대학을 졸업해서 바로 일을 시작했다고 해도 40년 동안 일을 할 수 있는 것이다. 따라서 직업 인생의 반환점은 45세가 된다. 남은 직업 인생에서 뚜렷한 결과를 남기려면 역시 40대가 되기 전에 필요한 것들을 결정해놓아야 한다.

현재 30대인 사람이라면 40세까지 어떤 결정을 내릴지를 기준으로 삶의 방식을 바꿔나가야 한다. 그리고 40대인 사람은 한시라도 빨리 결정을 내려야 한다.

 **40세가 되기 전에 삶의 방식을 결정하라!**

02
더 이상 머뭇거릴 시간이 없다

핑계를 대며 일시정지 단추를 누르고 있지 않은가?

술을 마시면 항상 자신의 경력을 자랑하는 친구가 있다.

"외국계 회사에서 헤드헌팅이 들어와서 연봉 ○○천만 엔을 제시했는데 거절했어", "고객이 나에게 '자네가 회사를 세운다면 내가 자금을 제공하지'라고 말하더군."

그리고 급기야는 "지금은 비록 월급쟁이로 일하고 있지만, 사실 기회는 얼마든지 있어. 다만 아직 검토 중이라 시작을 안 하고 있을 뿐이야"라고 말한다.

이런 말을 들으면 나는 '참, 못났다'라는 생각이 든다. 자신이 하고 싶으면 하고, 하기 싫으면 안 하면 그만이다. 그런데 입으로만 "나는 아직 잘 나가"라고 어필하면서 이런저런 핑계를 대며 결정을 미루는 것은 마치 인생의 일시정지 단추를 누르고 있는 것과 같다고 나는 생각한다.

그 친구의 가치관으로는 이직을 하거나 독립하는 쪽이 더 멋지다고 생각하는 모양이다. 그러나 40대에는 자녀의 교육비와 주택 대출금, 부모님의 노후 문제 같은 현실적인 문제가 산적해 있다. 그래서 다들 고민한다. 이것은 지극히 당연한 일이다. 그리고 고민 끝에 지금 다니는 회사에 남을 결심을 했다면 그것은 그것대로 훌륭한 결단이다. 그러나 그 친구는 앞으로 발을 내딛지 못하는 자신을 변명으로 정당화하고만 있다. 이래서는 그 친구도 스트레스가 쌓일 것이고, 무엇보다도 옆에서 볼 때 참 못났다는 생각이 든다.

일시정지 상태인 인생은 늘 어중간하다. 핑계를 대니까 일도 재미가 없고 의욕도 생기지 않는다. 열심히 일하는 주위 동료들에게 짐만 될 뿐이다. 어차피 어중간한 상태로 있을 거라면 지금 있는 회사에 남겠다고 결단을 내리는 것이 좋다. 일시정지 단추를 누른 것보다는 그 편이 훨씬 낫다.

아무것도 결정하지 못하고 변명으로만 일관해온 자신과 작별하는 것은 어떤가.

남 탓으로 돌리는 사람은 신뢰받지 못한다

내 책의 독자 중에 A씨가 있다. 40대인 그는 처음 만났을 때 중소기업의 임원에서 부장으로 막 좌천된 상황이었다. A씨는 "제가 특별히 어떤 문제를 일으킨 것도 아닙니다. 사장이 아무 설명도 없이 저를 갑자기 좌천시켰어요. 사장은 항상 그렇게 횡포를 부립니다. 현장에 지나치게 간섭하고, 매번 하는 말이 바뀌지요. 정말 못해먹겠습니다"라고 고민을 털어놓았다.

그때 나는 이렇게 생각했다. 'A씨는 평소에도 이렇게 사장에 대한 불평을 늘어놓겠구나. 그래서 좌천된 게 아닐까?'

분명 그 사장의 인사관리 방식은 결코 바람직하다고 볼 수는 없다. 하지만 그 회사를 선택한 사람은 A씨이다. 그리고 불평을 하면서도 사표를 내지 않고 계속 남아 있는 사람도 A씨 자신이다. 그렇다면 자신이 선택한 회사에 대한 불평은 그만하는 편이 좋다. 불평을 늘어놓을 바에는 그만두는 편이 낫고, 남을 바에는 불평하지 말고 자신이 할 수 있는 일을 묵묵히 하는 편이 틀림없이 A씨를 위해서도 좋을 것이다.

그러나 이런 나의 생각을 솔직하게 말할 수는 없었다. 만난 지 얼마 안 된데다가 아직 신뢰관계가 돈독하지 않은 상태였기 때문이다. 그저 A씨에게 내 책이나 메일매거진을 권해서 언젠가 깨닫도록 도와야겠다고 생각할 뿐이었다.

1년 뒤, A씨는 2단계가 더 강등되어 직함이 없는 기술자가 되어 있었다. 급여도 3단계나 삭감되었다. 임원이었던 사람이 신입사원과 섞여서 단순한 기계 수리 업무를 담당하고 있었다. 이쯤 되면 명백히 나가라는 말과 진배없다. 상식적으로 생각해도 사장이 그만두라고 대놓고 말하는 것과 같다.

그러나 현재의 A씨는 예전 같은 불평을 한마디도 하지 않았다. 그 대신 "오늘 수리를 10건 끝마쳤더니 기분이 상쾌하네요!"라고 밝은 목소리로 말했다. 이 말을 듣고 나는 깜짝 놀랐다. A씨가 참으로 멋있어 보였다. 1년 반 전의 못난 A씨를 생각하면 완전히 다른 사람 같았다. A씨는 "오구라 씨의 책을 읽고 깨달았습니다. 불평을 늘어놓는 제 자신이 너무나 못나 보였어요. 남의 탓으로 돌리지 않으려고 결심했었지만, 저도 모르게 사장의 탓으로 돌리고 있었습니다. 진심으로 저 자신을 바꾸고 싶습니다"라고 선언했다.

현재 A씨는 여러모로 어렵고 힘든 상황일 것이다. 그러나 그는 회사에 남겠다고 결정했다. 나는 그런 결정을 내린 그가 정말 멋있어 보였다.

이 세상에는 1년 반 전의 A씨처럼 불평만 하고 남의 탓으로 돌리며 인생의 일시정지 단추를 누른 사람이 많다. 자신의 의지로 남아 있으면서 자신이 선택한 현재 상황에 대해 불평불만을 늘어놓는 것은 못난 일이다. "언젠가는 다른 회사로 옮길 생각이야. 지금은 임시로 여기 있을 뿐이야." 그러나 그렇게 말하는 사람은 결국 아무런 행동도 하지 않는다. 그리고 변함없이 불평만 늘어놓는다. 후회하지 않는 인생을 살고 싶다면 일시정지 단추를 누르지 말고 임시로

라도 좋으니 결정하고 자신 있게 앞으로 나아가야 한다. 회사에 남아 있어도 좋고, 회사를 그만두어도 좋다. 바로 지금, 결정하는 것이 중요하다.

 **어떤 결정을 내리든 결정을 내리지 않는 것보다 '결정을 내리는 것' 그 자체가 중요하다.**

03
당장 내일 할 일부터 결정하라

꿈에 가까워지면 자연스럽게 꿈을 그릴 수 있게 된다

노모 히데오의 이야기를 보자. 그는 일본 프로야구 팀 긴데쓰 버팔로스에서 미국 메이저리그로 진출해 두 차례나 노히트노런을 달성한 훌륭한 투수다. 메이저리그에서 대활약한 일본인 투수의 선구자라고 할 수 있다.

지금은 유명한 대투수이지만, 사실 그의 중·고등학교 시절의 야구 경력은 그리 대단하지 못했다. 그래서 그는 고시엔(효고 현 니시노미야 시의 야구장으로 이 구장에서 하는 고등학교 야구대회를 흔히 고시엔이라고 한다) 우승 같은 화려한 커리어를 지닌 스타 선수와 함께 있으면 항상 열등감을 느꼈다고 한다. 또 노모는 야구 엘리트들이 "올림픽에서 금메달을 따겠어", "메이저리그에 가겠어"라고 쉽게 꿈을 이야기하는 것이 참으로 신기했다고 한다. 당시의 그에게는 상상도 되지 않는 미래였기 때문이다. 노모는 그들과 같은 꿈을 갖지 못하는 자신의 모습에 더욱 열등감을 느꼈다고 한다.

    그러던 노모는 사회인 야구(우리나라의 대학야구나 예전 실업야구—옮긴이)를 하던 어느 날 어중간한 자신의 모습이 싫어져 야구를 열심히 해야겠다고 생각했다. 그래서 먼저 다음 경기를 위해 철저히 사전 준비를 하기로 했다. 공책을 준비해 1번 타자부터 9번 타자까지 이름을 적고 1번 타자에게 어떤 공을 어떤 코스로 던질지 적기 시작했다. 그렇게 첫 번째 공부터 마지막 공까지 적은 시나리오 노트를 만들어 경기에 임했다. 물론 경기가 시나리오대로 진행되지는 않았다. 잘될 때도 있었지만 그렇지 않을 때도 있었다. 다만 노모는 시나리오를 만들지 않았을 때보다 만들었을 때 훨씬 좋은 투구를 할 수 있음을 발견했다. 이것이 계기가 되어 야구가 점점 즐거워졌고, 즐겁기에 열심히 준비하고 열심히 던졌다. 그리고 점점 승수가 쌓이면서 주목을 받게 되었고, 활약할 무대가 마련되기 시작했다. 그러자 조금씩 '나도 언젠가 올림픽에 나가고 싶어', '메이저리그에 가고 싶어'라는 꿈을 그리기 시작했다. "꿈을 그리게 되면 자연스럽게 꿈에 가까워지게 된다." 노모는 이렇게 말했다.

먼 미래를 그리지 못한다면 가까운 미래를 그리면 된다

    "미래가 보이지 않아", "미래가 보이지 않으니 결정을 할 수가 없어." 대부분의 사람들은 이렇게 말할 것이다. 그럴 때는 무리하게 먼 미래를 바라보려고 애쓰지 않아도 된다. 무리하게 먼 미래를 그리지 않아도 된다. 노모처럼 가까운 미래를 그리자. 이것은 충분히 가능하다. 노모는 처음에는 10년 후의 비전까지는 그리지 못했지만 다음 경기의 비전은 확실하게 그렸다. 성공하는 자신의 비전을 자세히 그리고, 그것을 반복하며 실적을 쌓아나갔다. 그러자 조금씩 더 먼 미래가 보이기 시작했고, 이윽고 대투수가 되었다. 만약 그가 그때 다음 경기의 비전을 그리지 않았다면 대중의 관심을 받지 못하는 평범한 투수로 끝났을지도 모른다.

미래가 보이지 않을 때는 먼저 가까운 앞날의 비전, 짧은 기간의 비전을 그려보자. 내일의 자신도 좋고, 사흘 뒤의 자신도 좋다. 짧은 기간의 비전이라면 누구나 그릴 수 있을 것이다. 그리고 열심히 비전을 실현하고 그 비전의 크기를 향상시켜나간다면 1년 뒤, 3년 뒤, 5년 뒤와 같이 점점 먼 미래를 내다볼 수 있게 된다.

결정은 '그리기 · 결단하기 · 실행하기'의 3종 세트

비전을 그렸다고 해서 그것으로 끝이 아니다. 그 비전을 실현하기로 결정하고, 구체적으로 실행하는 것이 중요하다. 실행하지 않으면 평생을 미래가 보이지 않는 상태에서 벗어날 수 없다. 노모 역시 가까운 미래를 그리며, 그 미래를 실현하겠다고 결단하고 실행에 옮겼다. 그리고 이것을 반복하는 사이에 점점 비전의 크기를 키워나가며 큰 꿈을 그릴 수 있게 되었고, 훌륭한 투수가 되어갔다.

'결정한다'는 것은 곧 '그리기 · 결단하기 · 실행하기'의 3종 세트로 이루어진 행위이다. 비전을 그리고, 그 비전을 실현하기로 결정했으면 아무리 힘들고 괴로워도 결정한 비전을 바꾸지 않겠다는 각오로 실행해야 한다. '이건 못하겠으니 다른 비전을 그려보자'가 아니라 끝까지 노력해 벽을 뛰어넘어야 한다. 벽을 뛰어넘었으면 그 다음 비전을 그리고 더 높은 벽에 도전한다. 이렇게 '그리기 · 결단하기 · 실행하기'의 3종 세트를 반복하며 조금씩 앞으로 나아간다.

그러면 어느 날 갑자기 미래가 보이기 시작한다. 아직 먼 미래까지는 보이지 않을 수 있지만, 가까운 미래는 보이기 시작한다. 다음에는 그 가까운 미래를 향해 '그리기 · 결단하기 · 실행하기'를 반복한다. 그러다 보면 확신할 수 있는 수많은 미래가 보이게 되고, 이윽고 먼 미래에 대해서도 결정할 수 있게 된다. 바로 이것이 인생을 결정하는 길이다. 노모가 했던 것처럼 당신도 스스로 결정하는 삶을 살 수 있게 된다.

가까운 미래부터 시작하자. 이것이 비결이다.

 **결단** 10년 뒤의 비전보다 '내일의 비전'부터 그려라!

Chapter 2.
인생의 마지막 직업과 직장을 결정한다

01
당신은 무엇을 하기 위해 태어났는가?

괴로움에 의미를 부여할 수 있으면 천명이 된다

30세를 넘기면 사람은 누구나 '나만이 할 수 있는 것은 무엇일까?', '나는 무엇을 위해 이 세상에 태어났을까?'를 생각하고 고민한다. 그러다 '내가 없어도 상관없잖아', '내가 아니어도 할 수 있네'라는 생각이 드는 순간, 괴로움에 사로잡히게 된다. 나 역시도 그랬다. 고객에게 "뜻을 가지십시오", "명확한 비전을 가지십시오"라고 말하면서, 정작 뜻도 명확한 비전도 없는 내가 싫어서 줄곧 생각했다. '내가 이 세상에 태어난 의미는 무엇일까?', '나만이 가능한 일이나 비전을 찾고 싶어.' 그리고 어느 날 깨달았다. 나는 글을 쓰기 위해 태어났다는 것을.

나의 장점은 창피를 당한 일이나 실패한 경험담을 "굳이 그런 이야기까지는 하지 않아도 되는데"라는 말을 들을 만큼 사람들에게 적나라하게 밝힌다는 점이다. 나의 실패담을 글로 써서 세상에 고백함으로써 나와 비슷한 경험을 한 사람들에게 괴로움에서 벗어날 수 있게 도움을 주고 싶다. 이것이 나의 존재 가치이며, 천명임을 깨달았다.

내가 남보다 많은 실패를 경험한 이유는 남보다 욕심이 많고 새로운 것을 좋아하며 비교적 대담하기 때문인지도 모른다. 여러 가지 일에 남보다 빨리 도전하기 때문에 대부분의 경우 실패하고 상처를 입는다. 내가 좋아서 한 일이니 할 말은 없지만, '왜 나는 이렇게 만신창이가 되면서도 남보다 먼저 도전하고 싶어 할까?'라고 수없이 고민했다. 실패하거나 창피를 당하는 것이 괴롭고 싫어서 견딜 수가 없었다.

그러던 어느 날, 실패나 괴로운 경험에 의미를 부여할 수 있게 되자 모든 것이 연결되었다. '그렇구나. 나는 실패를 함으로써 사람들에게 또 한 가지 의미를 전할 수 있게 되었어. 나는 내 경험을 글로 쓰기 위해 태어났으니까 실패나 괴로운 경험은 결코 나쁜 것이 아니야.' 이런 생각이 들었다. 그전까지 겪었던 괴로웠던 일이나 싫은 일과 내가 하고 싶은 일이 선으로 연결되었을 때 인생의 의미를 깨달은 것이다. 40세를 조금 넘겼을 때 깨달았던 일이다.

천명이라는 것은 괴로운 일과 싫은 일, 이해가 되지 않는 일을 포함한 자신의 모든 삶에 개연성을 부여하는 스토리라고 할 수 있다. 당신도 40세가 되기 전에 자신의 천명을 꼭 발견하기 바란다.

천명에 따라 자신이 해야 할 일을 결정한다

내 친구인 B는 영업담당으로 한 대형 거래처를 고객으로 두고 있다. B는 그 고객으로부터 거액의 매출을 올림으로써 높은 성적을 거둬 우수 영업사원이 되었다. 그러던 어느 날, 평소보다 훨씬 거액의 주문을 한 그 고객이 상품을 납품받은 뒤에 갑자기 도산하고 말았다. 외상판매대금을 회수할 길이 막막해졌고, 회사는 난리가 났다. 사내에서는 '계획 도산이다', 'B가 돈을 착복하려고 고객과 짜고 꾸민 일이 아닐까?'라며 B에게 의심을 눈초리를 보냈다. B가 그 회사에서 높은 매출을 올려 우수 영업사원이 된 것이 오히려 화를 부른 셈이다.

B와 고객이 짜고 일을 꾸몄다는 증거는 나오지 않았다. 물론 그런 사실이 없었으니 당연한 일이다. 그러나 이 사건으로 B는 회사 내에서 입지가 약해졌고, 영업부에서 한직으로 좌천되었다. 결국 B는 사표를 내고 쫓겨나듯이 회사를 떠나야 했다. 충격에 빠진 그는 완전히 자신감을 잃었고, 마음에 상처를 입고 은둔하듯 살았다.

그랬던 B는 현재 다시 일어나 작은 판매 대리점 사장으로서 인생을 다시 시작하려 노력하고 있다. 그가 다시 재기를 꿈꿀 수 있었던 이유를 물어보니 "내 인생의 스토리를 발견했어"라고 말했다.

"내가 바닥으로 떨어진 이유는 설령 바닥으로 떨어지더라도 다시 올라갈 수 있다는 걸 모두에게 보여주기 위해서야. 지금부터 다시 일어서는 모습을 젊은이들에게 보여주는 것이 내 천명이라고 생각해."

그는 자신의 인생에서 일어난 일에 의미를 부여하고, 천명에 따라 인생의 방향을 결정한 것이다.

멋지지 않은가? 나는 그가 보여준 삶의 자세에 커다란 감동을 받았다. 40대는 단순히 자신이 하고 싶은 일만 하는 것이 아니라 자신이 살아 있는 이유, 즉 천명을 발견하고 그 천명을 완수하는 연령대다. 자신이 이 세상에 태어난 의미와 자신만이 할 수 있는 천명. 이것을 가능하면 38세까지 발견하는 것이 좋다. 천명이라는 것은 대부분은 현재 하고 있는 일이나 그 주변에서 찾을 수 있을 것이다. 전혀 다른 일을 발견하는 것이 아니라, 자신이 하고 있는 일에서 의미를 재발견하는 것이다. 그래서 자신의 인생을 관통하는 시나리오가 눈에 보인다면 이후에 찾아올 고통이나 괴로움도 극복할 수 있을 것이다.

당신도 천명을 발견할 수 있다. 중요한 것은 포기하지 말고 자신의 천명을 찾는 것이다.

괴로움을 극복하고, 나의 존재 의미를 깨닫는 순간 나의 천명을 발견하게 된다.

02

눈앞의 일을
우직하게 밀고 나간다

기회란 주어진 일을 열심히 하는 사람에게 찾아온다

"말은 좋지만, 도대체 어떻게 해야 천명을 찾을 수 있다는 거야?", "그게 찾는다고 쉽게 찾아지면 누가 고생을 하겠어?" 이렇게 말하는 사람은 먼저 눈앞의 일을 우직하게 해보면 어떨까? 내가 자주 인용하는 한큐한신도호그룹의 창업자 고바야시 이치조 씨는 이렇게 말했다.

"신발정리의 일을 담당하게 되었다면 일본에서 제일 신발정리를 잘하는 사람이 되어보게. 그러면 아무도 자네를 신발정리담당으로 썩히지 않을 걸세."

왜 일본에서 제일 신발정리를 잘하는 사람이 되라는 것일까? 주어진 일을 우직하게 해내는 사람의 모습은 보는 이의 마음을 흔들어 '이 사람에게는 더 수준 높은 일을 시키자'라고 생각하게 만든다. 그러면 새로운 기회가 찾아온다. 그러나 많은 사람은 "이런 잡일이나 하고 있어야 하다니……"라고 투덜대면서 대충대충 일한다. 불평을 늘어놓으며 최선을 다하지 않는 사람에게 누가 기회를 주겠는가?

현재 하는 일을 지금보다 120퍼센트, 150퍼센트 더 열심히 하자. 그러면 반드시 기회가 찾아온다. 그 기회는 현재 하는 일의 연장선상일지도 모르고, 지금 하는 일과는 다른 것일지도 모른다. 그것은 알 수 없는 일이다. 다만 신발정리라는 일을 대충대충 하는 사람에게는 절대로 기회가 찾아오지 않는다.

앞에서 나는 글을 쓰기 위해 태어났다고 말했다. 원래 글을 쓰기를 좋아해서, 대학을 졸업하고 리쿠르트에 입사한 이유도 카피라이터가 되고 싶었기 때문이었다. 다만 처음에는 회사와 사회를 넓은 시야로 바라보며 공부하고 싶어서 영업직을 자청했다. 그리고 2년 차부터 카피라이터 업무를 맡을 생각이었다. 그러나 회사의 인사가 내 생각대로 될 리가 있겠는가? 결국 그 뒤로 사업기획실에서 기획도 했다가, 편집부에서 편집도 맡았다가, 컨설턴트가 되기도 하는 등 점점 글을 쓰는 일에서 멀어져간다는 느낌이 들었다.

그러나 결국 지금은 이렇게 글을 쓰고 있다. 그리고 글로 쓰는 내용은 언뜻 내 꿈으로부터 멀어지는 것 같았던 기획실 시절, 컨설턴트 시절에 몸으로 익힌 것들이다. 즉 내 꿈으로부터 멀어지고 있었던 것이 아니었다. 당시는 내가 이렇게 되리라고는 생각도 하지 못했지만, 눈앞의 일을 하나하나 열심히 하다 보니 흐르고 흘러서 천명에 이르렀다. 고바야시 이치조 씨의 말씀대로였다.

자기 합리화가 재발견으로 이어진다

나는 경영자를 대상으로 회사의 경영이념을 정립할 수 있도록 컨설팅을 하고 있다.

일반적으로 경영이념에는 미션, 비전, 밸류의 세 가지 요소가 있어야 한다. 미션은 영원히 지속되는 회사의 존재의의, 즉 사명이다. 비전은 지향해야 할, 혹은 목표로 삼고 싶은 가까운 미래상이다. 마지막으로 밸류는 행동지침이다.

미션은 이른바 회사의 천명으로, 경영이념 중에서 가장 중요하다. 명확한 미션이 있으면 경영자도, 직원도 최선을 다해 일한다. 회사의 존재의의를 타인에게 설명할 수 있고, 직원들에게 꿈을 이야기할 수 있기 때문이다. 명확한 미션은 최고경영자 개인에게는 천명이 되는 경우가 많다.

예를 들어 나가사키 현에 '주오택시'라는 회사가 있다. 베스트셀러 『일본에서 가장 소중히 여기고 싶은 회사 3』에서 소개된 유명한 회사다. 주오택시의 우쓰노미야 회장은 평범한 택시회사를 고객에게 만족과 감동을 주는 택시회사로 변혁시켰다. 그러나 우쓰노미야 회장이 택시회사를 천명이라고 생각해서 시작한 것이 아니라, 부모님이 운영하셨던 택시회사를 물려받으면서 시작되었다.

나는 우쓰노미야 회장처럼 열정적으로 꿈에 대해 이야기하는 경영자를 많이 알고 있는데, 부모로부터 회사를 물려받았다거나 대학 시절 교수의 추천으로 회사에 입사해 일하다 독립한 사람이 대부분이다. 하지만 '이것이 내 천명이다!'라고 생각하며 그 일을 시작한 사람은 거의 없다. 그러나 우연히 만난 직업에 불평하지 않고 우직하게 일하는 사이에 자신의 천명을 발견했다. 이것은 다르게 표현하면 '자기 합리화'라고 할 수 있다. 훌륭한 경영이념도 대부분 자신이 해온 일에 논리를 부여하면서 이념으로 정립된 경우가 대부분이며, 그것을 나중에 '경영이념'이라고 부르게 된 것이다.

그렇다면 왜 그런 행동을 할까? 사람은 눈앞의 일을 열심히 하다 보면 그 일을 해야 하는 이유를 원하게 된다. 그렇게 이유를 찾고 답을 얻다 보면 자신의 정체성을 재발견하게 된다. 그리고 '역시 이 일을 하기를 잘했어'라고 생각하게 된다. 이런 자기 합리화 덕분에 방황하거나 고민하는 일이 줄어든다.

천명을 발견한다는 것은 마테를링크의 『파랑새』이야기와 같다.

틸틸과 미틸은 행복을 가져다주는 파랑새를 찾기 위해 긴 여행을 떠났다. 하지만 그렇게 찾아다니던 파랑새는 바로 집 안에 있는 새장 속에 있었다는 것을 발견하게 된다. 어쩌면 파랑새는 이미 당신의 내부에 있는지도 모른다. "내일모레면 마흔인데 나보고 이걸 하라고?"라고 불평하지 말고 눈앞의 일을 우직하게 해내기로 결정하자. 그러면 지금 하고 있는 그 일이 천명임을 재발견할지도 모른다.

눈앞의 일을 우직하게 해내다 보면 반드시 나만의 천명을 발견할 수 있다!

03
지금 하고 있는 일에 전문성을 갖춘다

지금 잘하는 일로 승부하자

"특기를 살리자"라고 하면 대부분은 "나는 꽃을 좋아하고 잘 아니까 언젠가 꽃가게를 하고 싶어"라든가 "나는 영어를 잘하니까 영어 실력을 활용할 수 있는 회사로 옮기고 싶어"라고 말한다. 지금과는 다른 곳에서 특기를 활용하고 싶어 한다.

나는 특기를 활용하고 싶어 회사를 옮기겠다는 생각 자체를 부정하지는 않는다. 그러나 곧 40세가 되는데 지금 하고 있는 일을 집어 던지고 제로 상태에서 새로운 일을 시작하는 것이 과연 옳은 결정일까? 그것이 현실적이지 못함은 당신도 이미 알고 있을 것이다. 그렇다면 어떻게 해야 할까? 지금 하고 있는 일 속에서 특기를 살리면 된다. 예를 들어 당신이 영업사원인데 꽃을 좋아한다면 꽃과 관련된 업계로 영업을 하러 가는 것이다. 어학에 자신이 있다면 외자계

기업을 신규 개척하는 것이다. 이렇게 자신의 특기를 살려 눈앞의 일을 열심히 하다 보면 "아무도 당신을 신발정리담당으로 놔두지 않을 것이다"라는 고바야시 이치조 씨의 말처럼 새로운 기회가 찾아올 것이다.

누구든 30대 후반쯤 되면 보통은 그럭저럭 잘하는 일을 하고 있을 것이다. 회사는 그 사람의 적성에 맞지 않는 일을 맡기지 않는다. 숫자에 약하고 덜렁대는 사람에게 경리 업무를 맡기는 멍청한 경영자는 없을 것이다. 그런데도 꽃을 좋아하니까 꽃집을 운영하고 싶다, 어학을 잘하니까 외자계 기업으로 옮기고 싶다며 눈앞의 일에서 도망치는 것은 안이하게 커리어만 추구하는 20대의 행동과 다르지 않다. 이렇게 해서는 평생 기회가 찾아오지 않을 것이다.

40대에는 지금 잘하고 있는 일로 승부를 봐야 한다. 그리고 그 일 안에서 자신이 하고 싶은 일이나 가장 잘하는 일, 자신의 꿈을 덧칠하면 된다.

꿈으로 향하는 문은 현실 속에 있다

앞에서도 말했지만 나는 오래 전부터 줄곧 글을 쓰는 일을 하고 싶었다. 그래서 지금의 컨설팅 업무에 내가 잘하는 일이자 하고 싶은 일인 '글쓰기'를 활용하기로 했다. 방문 영업을 하지 않고 상업용 메일매거진을 써서 신규 컨설팅 고객을 개척하기로 한 것이다.

그리고 그 메일매거진은 지금 이렇게 책의 집필로 이어졌다.

사람은 직업을 통해 사회와 가장 깊은 관계를 맺는다. 물론 때로는 취미 생활로 시작한 음악이 세계 정상의 수준에 이른 사람도 있고, 아마추어로서 마라톤 대회에서 1등을 차지할 수도 있다. 그러나 직업 이상으로 사회와 깊은 관계를 맺는 경우는 거의 없다. 그렇기 때문에 사회와 깊은 관계를 맺고 있는 지금의 직업을 열심히 하기로 결정하자. 그 안에 자신이 잘하는 일을 섞어 넣으며 우직하게 일하자. 그러면 자기도 모르는 사이에 자신이 하고 싶었던 일에 도달하게 된다. "꿈으로 향하는 문은 현실 속에 있다." 나는 그렇게 생각한다.

눈앞의 납을 열심히 캐면 금이 보인다

내가 존경하는 철학자이자 명저 『수신교수록(修身敎授錄)』을 쓴 모리 신조 선생은 많은 명언을 남겼는데 그 중 하나를 소개해본다.

눈앞에 높은 절벽이 있다고 가정하자. 그 절벽 아래에는 납과 철 등의 값싼 금속이 묻혀 있고, 절벽 위에는 금과 은, 구리 같은 값비싼 금속에 묻혀 있다. 사람들은 대부분 납은 값이 싸기 때문에 값비싼 금이나 은을 캐고 싶은 마음에 눈앞의 납은 거들떠보지도 않고 절벽 위만을 바라본다. 그리고 절벽 위로 올라가려 한다. 그러나 땅을 파지 않고 절벽을 오르기만 한다면 아무것도 손에 넣지 못한다. 위로만 올라가다 아무것도 파내지 못한 사람은 결국에는 아무것도 손에 넣지 못한다.

한편 세상에는 눈앞에 있는 납이 필요한 사람도 많다. 금이나 은만 바라보지 말고 값은 싸더라도 눈앞에 있는 납을 캐자. 납을 캐기 위해 우직하게 땅을 파다 보면 신기하게도 그곳에 금이나 은이 섞여 있기 마련이다.

이 글을 읽고 나는 감탄과 함께 큰 깨달음을 얻었다. 지금 눈앞에 있는 일이 따분하고 가치가 없는 납처럼 보일지 모른다. 그러나 그 일을 우직하게 계속하다 보면 새로운 세계가 보이게 된다. 반대로 "내가 하고 싶은 일을 하겠어"라며 높은 곳만 바라보면 결국 어떤 것도 손에 넣지 못한다. 고바야시 이치조 씨의 말과 같은 의미가 아닌가?

40세를 눈앞에 둔 당신은 먼저 눈앞의 일을 열심히 하자고 결의를 다지기 바란다. 눈앞의 납을 우직하게 캐는 것이다. 그러면 틀림없이 금이나 은이 보이기 시작할 것이다.

 결단 **눈앞의 납을 열심히 캐다 보면 금이나 은까지 함께 캘 수 있다.**

04
내 삶의 방식에 가장 적합한 길을 선택한다

어떤 유형으로 일할 것인가?

눈앞의 일을 열심히 한 결과 당신에게 이직의 길이 열렸다고 가정하자. 회사를 옮기게 되었을 때 많은 사람은 '어떤 회사를 선택할까? 어떤 업종을 선택할까?'라는 미시적(회사 선택)인 관점에서 생각하는 경향이 있는데, 그전에 거시적(삶의 방식 선택)인 관점에서 생각하는 것이 좋다. 당신은 일생 동안 어떤 유형으로 일할지에 대한 거시적인 밑그림을 그린 다음에 회사나 업종, 직종 같은 미시적인 밑그림을 그리기 바란다.

43페이지의 그림은 그 유형을 분류한 것이다. 세로축은 '조직에 의지하지 않는다 · 조직을 이용한다', 가로축은 '종합 · 전문'으로 설정하여 크게 4가지로 나누었다.

첫째, '조직에 의지하지 않는다', '종합'은 앙트레프레너(창업가)
이다.
둘째, '조직에 의지하지 않는다', '전문'은 프로페셔널이다.
셋째, '조직을 이용한다', '종합'은 제너럴리스트이다.
넷째, '조직을 이용한다', '전문'은 스페셜리스트다.

앙트레프레너나 프로페셔널은 조직에 의지하지 않고 자신이 조직이 되어간다. 직접 무(無)에서부터 창조해나가는 식이다. 한편 스페셜리스트나 제너럴리스트는 기존의 회사라는 조직을 이용해 일한다. 회사라는 틀을 이용해 승부할 것인가, 의지하지 않을 것인가? 전문적인가, 종합적인가? 이런 식으로 자신의 방향을 생각해보기 바란다.

이때 주의해야 할 점은 '나는 이 유형이 아니면 무리야', '다른 유형은 나하고 맞지 않아'라고 유형을 고정시키지 않는 것이다. 기회가 있다면 다른 유형에도 도전해볼 가치가 있다. 가령 나는 대학을 졸업하고 리쿠르트에 들어가 20대 후반까지 영업과 기획 분야의 업무를 진행했다. 말하자면 스페셜리스트다. 그러다 30대 초반부터 새로운 부서에서 컨설팅 업무를 맡게 되었다. 컨설턴트는 상품이나 조직이 전혀 없이 오로지 자신을 파는 직업, 즉 프로페셔널이라고 할 수 있다. 또 30대 후반에는 벤처기업의 임원이 되어 회사라는 조

∴ 일하는 유형 4가지 ∴

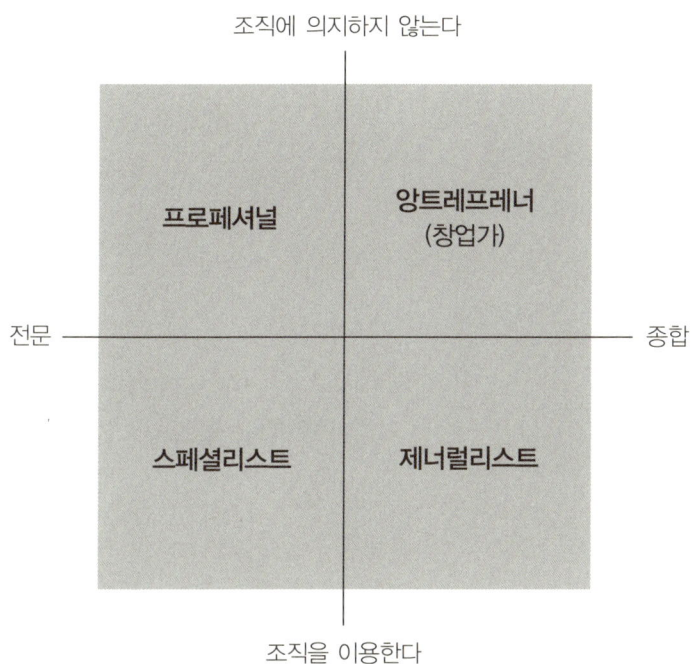

직을 이용해 사람들을 통솔하는 제너럴리스트가 되었다. 그리고 40대에 회사를 세워 앙트레프레너로 변신했다. 즉 나는 4가지 유형을 한 번씩 다 경험한 셈이다.

그런데 사실 컨설턴트로 일하던 시절의 나는 벤처기업의 임원이 되고 싶은 마음이 없었다. 나 자신은 프로페셔널 유형이며 부하직원을 두는 제너럴리스트는 적성에 맞지 않는다고 생각했다. 그러나 하기 싫은 일과 괴로운 일을 전부 수용하며 회사를 재건하려고 애쓰는 친구의 모습을 보고 '컨설턴트는 별로 대단한 일도 아니었구나. 이렇게 모든 책임을 혼자서 짊어지는 사람이 세상에서 가장 가치 있는 사람이었어'라고 강하게 느꼈다. 그리고 이를 계기로 제너럴리스트로 변신했다.

그 후 나는 제너럴리스트로서 주식 공개 전후의 벤처기업 몇 곳에서 2인자의 지위에 앉게 되었다. 그때 최고경영자의 각오와 비장함을 목격한 후 1인자와 2인자의 압도적인 차이를 깨달았다. 그리고 '다음에는 내가 1인자가 되겠어'라는 생각에서 창업을 하게 되었다. 과거의 나였다면 이런 커리어 변경은 상상도 할 수 없었을 것이다.

거시적인 밑그림을 그릴 때는 '내가 할 수 있는 건 이것뿐이야'라고 단정하지 말고, '이런 사람이 되고 싶다'라는 생각으로 도전해 나가는 것이 중요하다. 그리고 자신이 세상에 공헌할 수 있는 방법으로, 또 자신에게 스트레스를 주지 않는 유형으로 일하는 것이 이상적이라고 생각한다.

거시적인 밑그림을 결정한 후 최적의 길을 선택한다

리쿠르트 시절의 후배이자 친구인 마쓰타니 다쿠야는 현재 '드림게이트'라는 일본 최고의 창업·독립 지원 포털을 운영하고 있다.

리쿠르트는 예전에 경제 산업성과 관련해 창업가를 지원하는 프로젝트를 실시한 바 있다. 공공부문과 민간부문이 공동으로 출자하는 사업 방식이었는데 그는 그 사업의 중심인물이었다. 그런데 몇 년 뒤 리쿠르트는 그 사업에서 철수하기로 결정하고 그에게 인사이동을 지시했다. 그는 제너럴리스트인 관리직으로 일하느냐, 아니면 스페셜리스트인 영업사원으로 돌아가느냐는 선택의 기로에 서게 되었다. 하지만 그는 '기껏 여기까지 왔는데 이대로 물러날 수는 없어'라고 생각했다. 그래서 리쿠르트를 그만두고 자신의 돈으로 사업을 계승함으로써 앙트레프레너로 독립했다. 즉 회사나 업종, 직종을 선택하지 않고 앙트레프레너라는 '삶의 방식'을 선택한 것이다. 그는 바로 창업가 정신을 가진 사람이었다.

그처럼 눈앞의 일을 해결해나가는 사이에 어느덧 길이 보이고 선택을 강요받을 때가 있을지 모른다. 그럴 때도 평소에 거시적인 밑그림을 그려놓았다면 설령 길을 잃거나 고민이 되어도 최종적으로는 최적의 길을 선택할 수 있다. 미시적 관점에서 생각하기 전에 먼저 평소에 거시적인 밑그림을 그리는 것이 중요하다.

 거시적인 관점으로 인생의 밑그림을 그려라.

05
독립할지, 이직할지, 회사에 남을지 결정한다

자신이 가장 도움이 될 곳을 선택하라

'직장을 결정한다'라고 하면 독립하거나, 이직하거나, 지금의 회사에 뼈를 묻거나 셋 중 하나다. 여기에서 내가 하고 싶은 말은 반드시 독립이나 이직만이 멋진 결단은 아니라는 것이다. 지금의 회사에 뼈를 묻는 것도 좋다. 어쨌든 결정하는 것이 중요하다. 그러나 실제로는 그렇게 간단히 결정하지는 못할 것이다. 최선의 선택이 무엇일지 고민하게 될 것이다. 내 생각에는 그럴 경우 자신이 '얼마나 도움이 될 수 있는가?'를 기준으로 결정하는 것이 결단을 그르치지 않는 비결이라고 생각한다.

예를 들어 나 같은 기획 유형의 사람이 벤처기업의 임원으로 입사할 것을 검토하고 있다고 가정하자. 그럴 경우 이미 같은 기획 유형의 사람이 활약하고 있는 회사보다는 우수한 기술자나 영업사원은 있지만 기획 유형의 사람은 없는 회사, 기획 유형의 사람이 있으면 더 성장할 수 있을 회사를 선택하면 반드시 중용될 것이다. 결코 당장의 급여나 근무지에 현혹되어서는 안 된다. 자신을 필요로 하는 곳에서 일하는 것과 그렇지 않은 곳에서 일하는 것은 차이가 크다. 자신을 필요로 하는 곳에서 일을 해서 도움이 된다면 더욱 크게 중용될 수 있다. 이렇게 서로 윈-윈 관계가 성립하는 것이다. 그러므로 지금 독립할지, 이직할지, 현재의 회사에 남을지를 결정하지 못하고 망설이는 사람은 자신이 가장 도움이 될 만한 장소를 선택하는 것이 중요하지 않을까 생각한다.

"하지만 나는 하고 싶은 일이 있어. 독립하고 싶다고!"라고 말하는 사람도 있을 것이다. 분명히 독립하고 싶다든가 이직하고 싶다는 자신의 욕구도 중요하다. 그러나 40대에는 '하고 싶다·하고 싶지 않다'와 '도움이 된다·되지 않는다'가 다른 축이 아니라 같은 축이 되어야 한다. '하고 싶다·하고 싶지 않다'와 '도움이 된다·되지 않는다'가 분리되어 있다면 그것은 단순한 이리광이 어린아이의 발상일 뿐이다.

하고 싶은 일과 도움이 되는 일이 동일한 인생. 이것이 가장 행복한 인생이며, 사람은 나이를 먹음에 따라 그런 인생에 가까워지는 삶을 목표로 삼아야 한다.

40대는 베푸는 것에서 행복을 느껴야 한다

옐로햇의 창업자인 가기야마 히데사부로 씨가 말한 '세 가지 행복'에 대해 소개하고자 한다. 이는 내가 자주 인용하는 말이다.

첫째, 도움을 받는 행복
둘째, 뭔가를 할 수 있는 행복
셋째, 베푸는 행복

행복에는 이렇게 세 종류가 있으며, 이 가운데 가장 큰 행복은 세 번째인 '베푸는 행복'이라고 가기야마 씨는 말했다. 예를 들어 신입사원 시절에는 상사나 선배가 도움을 주고 친절하게 일을 가르쳐줬다. 이것이 '도움을 받는 행복'이다. 그리고 신입사원에서 어엿한 중견, 베테랑이 되면 이번에는 자신의 힘으로 '뭔가를 할 수 있는 행복'을 맛본다.

그렇다면 베푸는 행복은 무엇일까? '내가 타인에게 도움이 되는 것', '내가 타인에게 도움이 된다는 행복을 느끼는 것'이다. 베푸는 것에서 행복을 느낀다, 이것은 곧 사회가 요구하는 일과 자신이 하고 싶은 일이 정확히 일치한다는 의미이다. 세상이 요구하는 일을 하기 때문에 성공 확률도 높다. 그리고 좋은 일들이 계속해서 생겨난다.

그러나 '내가 독립하고 싶으니까 독립하겠어'라는 생각은 '도움을 받는 행복'이나 '뭔가를 할 수 있는 행복'의 범주에 들어간다. 20대라면 그런 생각도 나쁘지 않다. 하지만 조만간 40세를 맞이할 사람이 아직도 자기 생각만 하며 "이게 하고 싶어, 저게 하고 싶어"라고 떼를 쓰는 행태는 볼썽사납다고 생각한다.

그렇다고 해서 "베푸는 행복을 지금 당장 느껴야 한다"라든가, "반드시 누군가에게 도움을 줘야 한다"라고 말할 생각은 없다. 베푸는 행복은 스스로 느껴야지 억지로 느끼게 할 수 있는 것이 아니기 때문이다. 만약 당신이 30대라면 뭔가를 할 수 있는 행복만을 추구해보는 것도 좋을 것이다. 하지만 언젠가는 벽에 부딪히게 되면서 누군가를 위해 무엇인가를 해야 한다는 결론에 도달하게 될 것이다. 그리고 내키지는 않더라도 그것을 실천하는 사이에 자기도 모르게 베푸는 행복을 조금씩 깨닫게 된다.

멀리 돌아가더라도 상관없다. 가급적 40세를 맞이하기 전에 베푸는 행복을 경험하고, 그것이 얼마나 멋진 일인지 몸으로 느낀다면 반드시 멋진 40대를 맞이할 수 있을 것이다.

**자신이 즐겁게 할 수 있는 일이면서
누군가에게 도움이 되는 일을 찾아라!**

06
리더나 관리직이 되면
나보다 팀을 우선한다

시간이나 돈, 자존심도 버린다

    리더나 관리직이 되었다면 '나'를 버려야 한다. "오구라 씨, 그건 시대착오적인 발언인데요"라고 말하는 사람이 있을 것이다. 하지만 그렇지 않다. 나를 버리지 않고서는 리더의 책무를 다할 수 없다. 이것은 과거에도 그랬고 현재도 마찬가지다.

    그렇다면 나를 버리기 위해서는 무엇을 버려야 할까? 제일 먼저 자신의 시간을 버려야 한다. 리더가 되면 부하직원이나 상사, 타 부서 그리고 고객으로부터 쉴 새 없이 상담거리가 쏟아져 들어온다. 리더의 주된 업무가 연결핀, 즉 위와 아래, 옆과 옆을 연결하는 것이니 당연한 일이다. 이때 중요한 것은 "지금은 일 때문에 바쁘니까 나중에!"라고 거절해서는 안 된다는 점이다. 리더가 자신의 업무를 우선해서는 안 된다. 아무리 바빠도 반드시 일을 멈추고 상대의 이야기에 우선적으로 귀를 기울여야 한다. 갑자기 상담 요청이 들어와도 자신만의 업무는 잠시 뒤로 미루고 상담에 응하는 것이 리더의 책무다.

플레이어는 자신의 힘으로 성과를 올리지만, 리더는 타인의 힘으로 성과를 올린다. 이렇게 생각하면 팀원이나 타 부서의 사람들을 우선하는 것이 당연하다는 것을 알 수 있다.

즉 리더가 '나'의 시간을 버리는 것이 성과를 올리는 최고의 지름길이다. 이것은 시간에만 해당되는 이야기가 아니다. 간단한 미팅을 할 때 커피값을 내는 등 팀원을 위해 자신의 돈을 사용할 필요도 있다. 리더의 급여에는 이런 필요경비도 포함되어 있다. 또 시간이나 돈뿐만 아니라 가치관이나 자존심 같은 정신적인 것도 버릴 필요가 있다. 자신의 가치관을 굽혀서라도 팀이 우선되어야 한다. 리더는 자존심을 버리고 진흙탕 속으로 들어갈 수 있다고 생각할 수 있어야 한다.

나는 신입사원 시절에 매일 아침 "어이, 오구라! 요즘 어때?"라며 내 어깨를 두드리는 상사가 마음에 들지 않았다. 뭔가 마음이 담겨 있지 않고 형식적이며 예스러운 커뮤니케이션이라고 생각했기 때문이다. '내가 관리직이 되면 이런 구닥다리 방식은 절대 쓰지 않겠어'라고 생각했다. 그런데 38세에 사장이 되었을 때 나는 회사에 출근하자마자 사원들을 향해 큰 목소리로 이렇게 말했다.

"좋은 아침! 다들 컨디션은 어때?"

내가 그렇게도 싫어했던 어릿광대 같은 커뮤니케이션 스타일을 그대로 따라 한 것이다. 지금도 나는 이런 스타일을 좋아하지 않는다. 그러나 회사 전체의 분위기를 생각하면 내가 거드름을 피우며 작은 목소리로 인사하기보다 큰 목소리로 인사하는 편이 훨씬 낫다. 이것은 나의 미의식이나 가치관과는 맞지 않지만, 나는 기꺼이 어릿광대가 된다. 그래서 팀에 좋은 영향을 준다면 얼마든지 망가질 각오가 되어 있다.

나와 팀이 하나가 되어간다

이런 의미에서 생각하면 리더가 될 사람은 기꺼이 어릿광대가 되어야 한다. 나와 팀이 하나가 되기 위해서 필요한 것이다. 즉 팀의 기쁨, 상대에게 기쁨을 주는 것 자체가 나의 기쁨이 되기 때문이다. 이것이야말로 리더가 될 사람이 나아가야 할 길이 아닐까?

그렇게 되면 나를 버리는 것은 고통스러운 일이 아니게 된다. 기쁜 마음으로 버릴 수 있게 된다. 자연스럽게 그 행위를 선택하는 것은 나와 팀이 일체화된다는 것이리라.

예전에 내가 몸담았던 벤처기업에서 이사들이 모여 담당 부문을 기본부터 재검토하는 경영회의를 한 적이 있다. 먼저 의장을 맡은 사장이 입을 열었다.

"여러분, 고정관념을 버리고 자유롭게 토론해봅시다. 어떤 일을 맡기면 여러분이 의욕적으로 힘을 발휘하며 일에 몰두할 수 있겠습니까? 자유롭게 발언해주십시오."

그 말을 신호로 다들 자신이 하고 싶은 일을 말했다. "저는 이 부문을 맡고 싶습니다", "저는 이 부문을 담당하고 싶습니다." 저마다 자신의 희망 부문을 이야기하는 가운데 아무런 발언도 하지 않는 임원이 한 명 있었다. 나와 동갑으로 오래전부터 친분이 있었던 다마키 이사(가명)였다. 그는 모두의 발언이 끝난 뒤에 사장이 발언을 재촉하자 이렇게 말했다.

"저는 어떤 일이든 기쁘게 하겠습니다. 여러분이 제게 시키고 싶은 일이 바로 제가 하고 싶은 일입니다. 제 독단으로 하고 싶은 일은 없습니다. 저는 여러분에게 도움이 되고 싶습니다."

나는 이 자세야말로 리더가 가져야 할 바람직한 모습이라고 생각하고 깊이 반성했다. 이러한 모습이 리더로서 모범이 되는 사고방식이 아닐까?

 **팀의 기쁨을 자신의 기쁨으로 삼아라!**

07
출세를 위해 일하지 말고 일을 위해 출세하라

옳다고 믿는 길을 걷기 위한 지름길

요즘 젊은이 중에는 관리직이 되고 싶지 않다는 사람이 많은 듯하다. 즉 출세를 원하지 않는다. 우리 세대로서는 좀처럼 이해하기 어려운 가치관이다. 나는 그들에게 "왜?"라고 물은 적이 있다. 그러자 이런 대답이 돌아왔다.

"상사를 보고 있으면 불쌍하다는 생각이 듭니다. 윗사람 눈치 보랴 아랫사람 눈치 보랴 힘들어 보입니다. 그래서 저는 관리자가 되고 싶지 않습니다."

"야근수당도 안 주면서 야근만 하잖아요. 손익을 따지면 관리직이 되지 않는 편이 이익이라고 생각합니다."

"출세를 위해 일한다는 사고방식 자체가 꼴사나워요. 지위를 유지하기 위해 죽어라 일하는 건 구시대적인 사고방식이에요."

듣고 보니 전부 고개가 끄덕여지는 논리다. 손익 관점에서 따져 보면 관리직이 되는 것은 명백히 손해다. 아마도 야근수당을 계산에 넣으면 일시적으로는 관리직이 된 뒤의 시급이 관리직이 되기 전보다 적을 것이다. 즉 수지타산이 맞지 않는다. 게다가 관리직이 일하는 모습을 멋이 있느냐, 없느냐의 관점에서 바라본다면 멋이 없는 쪽일지도 모른다.

그러나 나는 당신이 멋있지 않은 그 길을 선택하기를 바란다.

만약 당신이,

'이루고 싶은' 뜻이 있다면?
'몰두하고 싶은' 업무가 있다면?
'지켜주고 싶은' 부하직원이나 고객이 있다면?

당신의 이런 의지를 실현하기 위해서는 회사에서 발언권을 가져야 한다. 자신이 하고 싶은 업무를 실현하려면, 또 옳다고 믿는 길을 걸으려면 출세가 최고의 지름길이다. 설령 그 길이 손해를 보거나, 멋있지 않은 길이라고 해도 말이다. 당신의 뜻을 이루기 위해서라면 멋있지 않은 길이라도 도전하기 바란다.

그것이 진정으로 멋있게 일하는 방법이 아닐까?

스페셜리스트라는 선택도 있다

그러나 제너럴리스트로 출세하는 것만이 옳은 선택이라고 말할 생각은 없다. 요즘은 자리 부족과 경기 부진 등의 이유로 회사 측이 사원에게 스페셜리스트가 되어 계속 플레이어로 일해달라고 요청하는 경우가 늘어났다. 즉 플레잉 매니저를 원한다.

그렇다면 스페셜리스트는 발언권을 키울 수 없을까? 그렇지 않다. 많은 기업의 경우 스페셜리스트에게도 승진 코스가 준비되어 있으며, 승진과 함께 사내에서의 발언권도 강해진다. 즉 스페셜리스트로서 출세하는 길이 남아 있다.

팀을 통솔하기보다는 플레이어로서 독보적인 존재가 되는 길을 택하라. 거침없이 실적을 쌓아나가는 사람, 기획력이 우수한 사람, 연구자로서 최고 수준에 이른 사람 등은 그 재능을 살리기 위해서도 스페셜리스트로서 출세를 지향하기 바란다. 이것은 결코 부끄러운 일이 아니다. 전문성을 높이기 위해서도 출세해서 발언권을 강화하는 것이 바람직하다.

제너럴리스트를 돕는 스페셜리스트가 되어라

그러나 주의해야 할 점이 있다. 발언권이 강해진 뒤에도 베테랑 플레잉 매니저에게서 자주 볼 수 있는 '사사건건 잔소리를 하는 시어머니 스타일'만큼은 되지 말라는 것이다. 팀을 곤경에 빠뜨리는 이 증상은 여성에게만 국한되지 않고 남성에게서도 자주 나타난다.

스페셜리스트 관리직과 제너럴리스트 관리직. 인사제도상으로는 이 둘 사이에 차이를 두지 않는 회사가 많다. 하지만 아무래도 실제로는 일에 책임을 지는 제너럴리스트 관리직의 마음고생이 클 것이다. 이때 스페셜리스트가 어떤 자세로 임하는지를 보면 스페셜리스트의 도량을 알 수 있다.

싹수가 노란 스페셜리스트는 사사건건 잔소리를 하는 시어머니가 될 가능성이 크다. 즉 책임질 필요가 없는 편한 입장에서 평론가처럼 멋대로 의견을 말한다. 또한 자신의 발언에 책임을 지려고도 하지 않는다. "나머지는 리더가 알아서 해결하시오. 난 어차피 스페셜리스트이니까"라는 무책임한 태도를 보인다.

부끄럽지만 과거에 나도 이런 무책임한 태도의 스페셜리스트였던 시절이 있었다. 이런 무책임한 스페셜리스트가 되어서는 안 된다. 이런 태도를 버리고 제너럴리스트 관리직을 돕는다는 입장을 취해야 한다. '나'를 버리고 '팀'을 위해 최선을 다하는 것이다. 즉 '나'와 '팀'이 하나가 되기 위해 노력하는 것이다. 이는 제너럴리스트 관리직만의 책무가 아니다. 스페셜리스트도 이렇게 되기 위해 노력해야 한다. 제너럴리스트 관리직과 같은 시점에서 전체의 결정에 책임을 진다. 의견이 나오지 않으면 먼저 자신부터 의견을 낸다. 말도 안 되는 의견이 나오면 리더를 대신해 충고한다. 부디 이런 협

조정신을 발휘하기 바란다.

출세를 위해 일하는 것은 꼴사납다. 그러나 자신이 하고 싶은 일을 위해 출세하는 것은 멋진 삶의 방식이라고 생각한다. 제너럴리스트든 스페셜리스트든 부끄러워하지 말고 당당하게 출세를 지향하기 바란다.

이루고 싶은 꿈, 도전하고 싶은 일이 있다면
당당하게 출세를 지향하라!

Chapter 3.
평생을 함께할 가족에 대해 결정한다

01
서로 맞지 않게 되더라도 평생을 함께한다

참지 말고 흘려 넘기자

    나는 과거에 이혼을 경험했다. 당시 나는 '서로 맞지 않으니 헤어지는 것은 어쩔 수 없는 일이야'라고 생각했다. 그러나 지금은 설령 아내와 서로 맞지 않게 되더라도 함께하기로 결정했다. 헤어지지 않을 각오를 했다기보다는 헤어지지 않는다는 전제 아래 아내와 마주할 결심을 굳힌 것이다.

    헤어져도 어쩔 수 없다는 자세를 취하면 문제해결로부터 도망칠 수 있다. 의견이 맞지 않는다면 헤어지면 그만이다. 그러나 우리는 결혼하면서 평생을 함께하겠다고 신에게 맹세했다. 그렇다면 철저히 문제와 마주하여 해결방법을 찾아나가는 것 이외에 우리가 행복해질 수 있는 길은 없다. 마주하지 않고 계속 문제를 외면하면 나와 상대 모두 괴로울 뿐이다.

"하지만 상대하려 하다 보면 결국 말싸움으로 발전해서……"라고 말하는 사람도 있을 것이다. 사람이 정색을 하며 싸우는 이유는 무엇일까? 그것은 자신이 옳다는 것을 관철시키기 위해 상대의 의견을 부정하기 때문이다. 나도 예전에는 내 생각이 옳고 상대는 틀렸다고 막무가내로 주장했다. 그러나 평생 함께하겠다고 결정한 뒤로는 생각을 바꾸게 되었다. 내가 옳든 상대가 옳든 그것은 중요하지 않다고 생각하게 된 것이다. 이것은 참는 것과는 다르다. 무조건 참게 되면 나쁜 감정은 사라지지 않고 쌓이게 되며 결국 언젠가 폭발하게 된다. 그러므로 절대로 무조건 참아서는 안 된다. 참는 것도 아니고 포기하는 것도 아니라 '흘려 넘긴다'라고 생각해야 한다. 그래서 지금의 나는 설령 아내가 도저히 이해할 수 없는 말을 해도 '나하고는 생각이 다르구나'라며 흘려 넘긴다.

사람이 인간관계로 괴로워하는 이유는 상대와 자신의 생각을 똑같이 만들려고 하기 때문이다. 게다가 대부분의 경우 자신을 상대에게 맞추는 것이 아니라, 상대를 자신에게 맞추려 한다. 그러나 서로 사랑해서 결혼한 사이라고 해도 각자 독립된 인격을 지닌 인간이므로 상대를 내 생각대로 통제하기는 불가능하다. 독립된 인격이므로 생각도 다른 것이 당연하다. 이것을 억지로 통제하려 하기 때문에 서로가 괴로워지는 것이다. 그렇기 때문에 너와 나는 다름을 이해하고 '너는 그렇게 생각하는구나. 나는 다르게 생각하지만' 이라고 흘려 넘기면 된다. 감정적으로 싸울 필요는 없다.

자신이 한 말에 집착하지 않는다

"그러면 오구라 씨는 부부싸움을 전혀 안 합니까?"라고 물어보겠지만, 물론 그렇지는 않다. 우리도 가끔은 싸운다. 가령 아내는 맛있고 몸에 좋은 요리를 매일 만들어준다. 그런데 아주 가끔은 너무 짤 때가 있다. 그래서 내가 "여보, 이거 너무 짜. 다음에는 간을 보면서 만들었으면 좋겠어"라고 말하면 대개는 "그래? 다음에는 신경 쓸게"라고 대답한다. 하지만 아주 드물게 "싫으면 먹지 마! 내가 두 번 다시 요리해주나 봐라!"며 화를 낼 때도 있다.

이것을 무시하기는 간단하다. 그러나 '저런 태도는 곤란해. 다른 사람한테도 저렇게 하면 틀림없이 미움받을 거야. 그럼 사회생활이 어려워져'라는 생각에 아내가 싫어하더라도 한마디 해야겠다고 결심한다. 그리고 "짜니까 짜다고 했을 뿐이야. 못 믿겠으면 먹어보라고. 당신의 요리를 부정하는 게 아냐. 그렇게 과잉반응하면서 화를 내는 버릇은 고치는 게 좋아"라고 같이 화를 내며 말한다.

상대를 위해 화를 내며 충고한다. 그러나 사실 이것도 상대를 통제하려는 행동이다. 이 경우의 화는 이기적이 아니라 이타적이지만, 이기적이든 이타적이든 상대는 자신을 통제하려 한다고 느낀 순간 반발한다. 그래서 중요한 것이 앞에서 이야기한 '흘려 넘기는' 자세다. 대부분의 사람은 할 말을 하고 나면 여기에 더 집착하며 '상대가 내 말을 수긍하게 만들고 싶다', '상대가 내 말대로 행동하도록 만들고 싶다'라는 생각이 강해진다. 그러나 '과거와 타인은 바꿀 수 없다'라는 심리학자 에릭 번의 말처럼 사람이 사람을 바꾸기란 불가능하다. 그래서 나는 '할 말은 하겠지만 상대가 그 말을 듣든 안 듣든 상관없어. 상대가 바뀌기를 기대하지는 않아'라는 자세를 취한다.

소중한 반려자와 평생을 함께하기 위해서는 이런 사고방식이 도움이 될 수 있다. "상대를 통제하지 않는다. 그러나 할 말은 한다. 그리고 그 결과에 집착하지 않는다. 상대가 바뀌든 바뀌지 않든 신경 쓰지 않는다."

40대에는 이런 각오로 남편이나 아내와 마주하기 바란다.

 상대방을 내 뜻대로 통제하기보다 서로 다름을 인정하며 평생을 함께한다고 결정한다.

02
자녀의 인생을
통제하려는 생각을 버린다

중심에서 균형을 잡아라

30대나 40대 중에는 자녀가 있는 사람도 있을 것이고, 앞으로 가질 예정인 사람도 있을 것이다. 그런 사람들에게 부탁이 있다. "자녀의 인생을 통제하려고 하지 마십시오. 통제하려는 생각을 그만두겠다고 결정해주십시오"라는 것이다.

부모는 잘되라는 생각에서 자녀의 인생에 이것저것 참견한다. 아이는 어리고 아직 세상 물정을 모른다. 한편 부모는 경험도 풍부해서 인생을 잘 안다고 생각한다. 그러니 아직 미숙하지만 사랑스러운 나의 아이에게 무조건 가르쳐주겠다는 자세를 취한다. 그리고 자녀의 장래를 생각해 이것저것 배우게 하고 좋은 대학에 보내려 한다. 또 "가수가 되겠다는 꿈은 현실적이지 못해. 견실하게 사는 것이 최고야"라고 자녀의 꿈에 반대하면서 자신이 이루지 못한 꿈을 자녀가 대신 이루기를 바라며, 그것이 자녀를 위한 일이라고 생각하는 부모도 있다.

그러나 앞에서도 말했듯이 하나의 독립된 인격체를 내 맘대로 통제하기는 불가능하다. 설령 자신의 피를 이어받은 자녀라고 해도 마찬가지다. 그러므로 자녀가 부모에게 통제받기를 싫어하는 것은 당연한 일이다. 그러나 부모는 자녀가 자신의 말을 듣기를 강요한다. 바로 이것이 불행의 시작이다.

내가 이런 말을 하면 "내가 통제하지 않으면 내 아이는 학교에도 가지 않고 제멋대로 행동하다가 낙오자가 될 게 뻔해", "만화책만 보다가 초라한 인생을 보내게 될 거야. 그렇게 되기라도 하면 당신이 책임질 거야?"라고 반발하는 부모도 있을 것이다. 그래서 앞에서 말한 '할 말은 한다. 하지만 상대를 바꾸겠다는 생각은 하지 않는다. 상대가 바뀌지 않더라도 짜증내지 않는다'는 자세가 중요하다. 아이에 대한 통제를 '흔들이'에 비유해보겠다(66페이지 참조). 오른쪽을 '통제한다', 왼쪽을 '통제하지 않는다'라고 했을 때, 대부분의 부모는 흔들이를 '통제한다' 쪽으로 완전히 넘기려고 한다.

대체로 부모는 처음에 자녀를 하나부터 열까지 전부 통제하려 한다. "엄마 아빠가 하는 말을 들으렴", "잔말 말고 시키는 대로 해!" 그러나 이런 식은 역효과를 부를 뿐이다. 부모에게 이런 말을 들은 아이는 반발하거나 맹렬히 저항한다. 결국 부모는 어쩔 수 없이 통제를 단념하는데, 그다음에는 전과 반대로 꾹 참는다. "네 마음대로

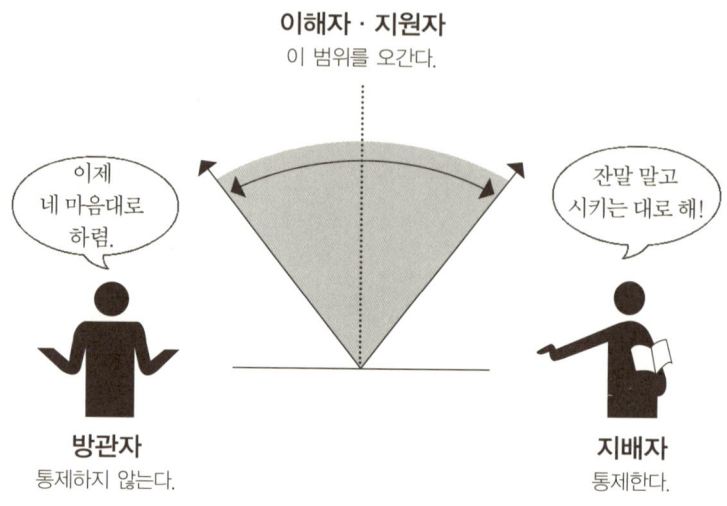

해"라며 아무 말도 하지 않는다. 즉 흔들이를 반대편(통제하지 않는다) 끝까지 넘겨버린다. 그러나 부모가 전혀 간섭하지 않는다고 문제가 해결될까? 그렇지 않다. 사람은 절대 참고만 있지 못하기 때문이다. 참다 보면 점점 짜증이 쌓이고, 결국은 "더는 못 참겠어!"라며 다시 흔들이를 모든 것을 통제하는 쪽으로 완전히 넘긴다.

할 말은 하는 편이 좋다. 다만 자녀가 어느 정도의 나이에 이르면 강요하지 않고 슬쩍 물러서는 것이 좋다. 최종 판단은 자녀에게 맡기는 것이다. 부모는 흔들이를 좌우 어느 한쪽으로 치우치지 말고 끊임없이 좌우로 움직여야 한다. 할 말을 하고(오른쪽으로 넘어가기),

슬쩍 물러서기(왼쪽으로 넘어가기)를 반복하는 것이 최선이다.

아픔을 공감하며 사랑을 담아 말한다

자녀에게 할 말을 할 때 명심해야 할 점이 있다. '자신도 아픔을 공감하면서 말한다'는 것이다. 따끔한 한마디를 듣는 것은 누구나 괴롭고 싫은 일이다. 그러나 할 말을 해야 할 때도 있다. 이때에는 아이에게 줄 아픔을 느끼며 사랑을 담아 말해야 한다. 그러면 자녀에게도 부모의 진심이 전해진다. 그러나 많은 부모는 전혀 아픔을 느끼지 않으며 당연하다는 듯이 자녀에게 잔소리를 한다. 그리고 "다 너를 생각해서 하는 말이야"라고 덧붙인다. 굳이 "너를 위해서 하는 말이야"라고 덧붙이는 것은 사실 핑계이다. 상대를 통제하려는 자신의 태도를 정당화하는 말일 뿐이다.

통제하는 부모는 자녀의 지배자가 된다. 반대로 아무 말도 하지 않고 내버려두는 부모는 방관자다. 부디 지배자도 방관자도 아닌 이해자나 지원자가 되어주기 바란다. 통제하지 않지만 그렇다고 모른 척하지도 않는다. 할 말이 있으면 아픔을 느끼며 사랑을 담아서 한다. 그러면 부모와 자식의 관계는 훨씬 긍정적이 될 것이다.

 **결단** 지배자도 방관자도 아닌 '지원자'가 되라!

03

부모님께 기쁨을 드리는
시간을 마련한다

부모님께 기쁨을 드리는 행복을 경험하자

40대가 되면 부모의 노후에 대해 이런저런 생각을 하게 된다. 주거 문제도 그중 하나다. 같이 살 것인가, 집은 같지만 다른 층에서 살 것인가, 아니면 이대로 따로 살 것인가 같은 문제가 점점 현실감을 갖게 되는 시기다.

물론 주거 형태는 각 가정의 사정에 따라 답이 다를 것이다. 내가 당신에게 결정하기를 바라는 것은 주거 형식이 아니라 '부모님을 위해 자신의 시간과 마음을 쓰겠다'라는 결심이다.

나는 33세 때 설날을 반드시 어머니와 함께 보내기로 결정했다. 어머니는 고향인 니가타에서 혼자 살고 계셨다. 일을 하셨을 때는 설날에도 바쁜 듯했지만, 은퇴하신 뒤로는 집에서 혼자 외롭게 계셨다. 쓸쓸한 어머니의 모습을 본 나는 가족에게 특별한 의미가 있는 설날만큼은 어머니와 함께 보내자고 생각했다.

그 전까지 나는 설날이 1년에 몇 번 없는 장기 휴가 기간이어서 해외여행을 떠나거나 스키장에 가서 신 나게 놀았다. 어머니를 걱정한 적도 없고, 내 시간은 나 자신을 위해 즐겁게 써왔다. 그런데 어머니에게 설날을 같이 보내겠다고 말씀드렸더니 어머니는 진심으로 기쁜 표정을 지으며 환하게 웃으셨다. 그 웃음을 보고 '아아, 나는 지금까지 이렇게 기뻐하시는 어머니를 혼자 계시도록 내버려 두고 있었구나'라는 생각에 마음이 괴로웠다.

어느 날 문득 되돌아보니 30대 중반부터는 부모뿐만 아니라 직원, 친구 등 내가 아닌 다른 누군가를 위해 시간을 할애하는 일이 점점 늘어났다. 누군가를 위해 자신의 시간을 할애하는 것은 결코 기분 나쁜 일이 아니다. 오히려 상대가 기뻐하는 모습을 보면 기분이 좋아진다. 내 마음은 이와 같이 '뭔가를 할 수 있는 행복'에서 '베푸는 행복'으로 서서히 변화해갔다.

가능하다면 30대부터, 아니 40대부터 시작해도 늦지 않다. 부모를 위해 시간과 마음을 쓰겠다고 결정하고 실행하자. 시간을 얼마나 어떻게 쓰느냐는 당신의 자유다. 일주일에 한 번씩 부모님께 전화를 드리는 것도 좋다. 설날이나 추석에는 반드시 찾아가서 건강한 모습을 보여드리는 것도 좋다. '내가 어떻게 하면 부모님이 기뻐하실까?'를 생각하는 일 또한 부모님을 위해 시간과 마음을 쓰는 것이다.

애벌레에서 나비가 되자

내가 부모님에게 실천한 또 하나의 기쁨을 드린 행복은 부모님과 함께 가는 해외여행이다. 어머니께서 65세에 일을 그만두셨을 때 나는 그동안 어머니에게 줄곧 고생만 시켜드렸다는 생각에 뭔가를 해드리고 싶었다. 어머니에게 "뭐가 하고 싶으세요?"라고 물었다. 그러자 어머니는 "죽기 전에 해외여행을 한 번쯤은 가보고 싶구나"라고 대답하셨다. 그래서 나는 "그러면 매년 우리 둘이 해외여행을 떠나요"라고 약속했다. 실제로는 매년이 아니라 2년에 한 번이 되었지만, 첫 번째는 중국, 두 번째는 하와이, 그다음은 이탈리아 그리고 타이완을 여행했다. 어머니께서 가고 싶어 하시는 나라를 함께 여행했다. 그리고 "다음에는 어디에 가고 싶으세요?"라고 여쭤보자 "프랑스 파리에 가보고 싶구나"라는 이야기를 나눴을 무렵에 어머니께서 쓰러지셨다. 몇 년 뒤 어머니는 눈을 감으셨지만, 나와의 해외여행을 참으로 즐거워하셨다. 어머니를 위해 내 시간을 할애한 것, 이것은 내게 참으로 행복한 일이었다.

나는 부모자식의 관계나 타인과의 관계를 '애벌레의 법칙'으로 생각한다. 어떤 사람이든 태어났을 때는 애벌레 상태다. 처음부터 나비인 사람은 없다. 애벌레는 겉모습은 아름답지 않다. 게다가 이곳저곳의 잎을 마구 갉아먹는다. 제멋대로의 성격으로 주위에 피해만 끼치면서 자신의 욕망대로 살아간다.

30대 초반까지는 나도 애벌레였다. 부모로부터 독립하고, 내 힘으로 할 수 있는 행복을 느끼게 되면서 나를 우선하고 부모를 돌보지 않았다. 그러나 애벌레는 언젠가 번데기가 되며 아름다운 나비가 된다. 나비가 되면 잎을 갉아먹지 않고 꽃의 꿀을 빨며 산다. 꿀을 빨면서 꽃들의 수분 활동을 도와 꽃에게 기쁨을 준다. 이것은 사람도 마찬가지다. 제멋대로 행동하고 주위에 폐를 끼치면서 살아가다가 조금씩 어른이 되어간다. 그 계기는 나 혼자의 이기심으로는 아무것도 할 수 없음을 깨닫는 것이다. 벽에 부딪히면서 제멋대로였던 자신의 애벌레 시절을 반성하고 새롭게 태어나기로 결심해보자. 그럼 이 시기는 언제일까? 바로 40세에 접어들 무렵이다. 40세를 전후로 어른이 되면서 비로소 베푸는 행복에 눈을 뜬다.

어렸을 때는 부모님으로부터 받는 행복을 충분히 누리며 자라고, 다음에는 부모님에게서 독립해 스스로 할 수 있는 행복을 느낀다. 그리고 그 뒤에는 부모님에게 기쁨을 드리는 행복을 느낀다. 우리는 바로 그런 시기에 와 있다. 30대의 끝자락에 접어들어 40세를 앞두고 있다면 부디 부모님을 위해 시간과 마음을 쓰겠다고 결심하기 바란다.

 30대까지는 자신을 위해, 40대부터는 부모님과 다른 사람의 기쁨을 위해 시간을 할애하라.

04
세계 제일의
아빠, 엄마, 남편, 아내가 되라

프로페셔널의 자세

가족에게 세계 제일의 아빠, 엄마, 남편, 아내가 되겠다고 결정한다. 이것은 참으로 멋진 일이다. 이를 위해서는 자녀와 배우자를 통제하지도 않고, 방관자도 되지 말아야 한다. 앞에서도 말했지만 좋은 이해자 혹은 지원자의 자세를 취하는 것이 중요하다.

컨설턴트라는 일을 하다 보면 이따금 고객에게 복수의 안을 제시할 때가 있다. 그리고 "A안과 B안, C안이 있는데 어느 것으로 할까요?"라고 묻는다. 이때 나는 A안이 압도적으로 좋다고 생각하더라도 고객이 B안을 선택하고 싶다고 말하면 그 말을 따른다. 즉 고객에게 결정을 맡긴다.

다만 이때 프로페셔널로서 반드시 해야 할 일은 예상할 수 있는 바를 상대에게 분명히 전하는 것이다. 가령 A안과 그보다 조금 못하다고 생각되는 B안이 있다고 가정하자. 그럴 때는 "B안을 선택하면 틀림없이 이런 문제가 일어날 겁니다. 사실 A안에는 이런 문제를 해결할 장점도 있습니다"와 같이 예상되는 단점과 상대가 깨닫지 못한 장점을 전한다. 이렇게 하지 않고 고객이 선택한 B안을 무작정 받아들인다면 그것은 방관자의 자세다. 프로페셔널이라면 절대 그래서는 안 된다. 생각할 수 있는 관점을 전부 제시해 서로 이해를 공유한다. 그런 다음 고객이 그래도 B안을 선택하겠다면 B안이 성공하도록 최선을 다한다. 이것이 프로페셔널의 자세이다.

이런 자세는 가족에 대해서도 마찬가지다. 좋은 아버지, 어머니, 남편, 아내가 되기 위해서는 부부나 부모자식 사이에서도 프로페셔널로서 일을 할 때와 똑같은 자세를 취해야 한다.

예를 들어 자녀가 "전 대학에 가기 싫어요. 가수가 되겠어요!", "매일 거리에서 공연을 해서 데뷔 기회를 잡고 싶어요"라고 말했다고 가정하자. 그때 "무슨 바보 같은 소리를 하는 거야! 그런다고 가수가 될 수 있을 것 같아?"라며 무턱대고 부정하며 막지 말자. 그렇다고 "멋대로 하려무나"라며 방관하지도 말고 이해자와 지원자의 자세를 보이기 바란다. 즉 먼저 "네 생각은 알겠다"라고 이해한다. 그런 다음 "하지만 그러면 너는 이런 가능성을 버리게 된단다. 대학에 가면 이런 가능성도 있어"라는 식으로 모든 시각을 전부 제시한 후 "하지만 결정은 네가 하는 것이란다. 그래도 하고 싶다면 하려무나"라며 상대에게 결정을 맡긴다. 그리고 자녀가 하기로 결정하면 그때는 "응원하마"라는 자세를 취한다.

어떤 결과가 나오든 응원한다

얼마 전에 내 친척(여성)이 결혼을 했다. 그런데 나는 내심 그 결혼을 크게 걱정했다. 상대 남성과 만난 적이 있는데, 그녀에게 심한 말을 아무렇지도 않게 하는 것이었다. 그래서 '저 사람, 말이 너무 심하지 않아? 저런 사람하고 결혼해도 괜찮을까?'라고 줄곧 걱정했다. 게다가 그녀에게서 그의 과격하고 겉과 속이 다른 성격에 대한 이야기를 들을 기회가 있었기 때문에 '아무리 봐도 결혼은 안 하는 게 좋을 것 같아. 저 사람과 결혼하면 틀림없이 불행해질 거야'라고 생각하게 되었다.

그러나 결정은 어디까지나 본인의 몫이다. 그래서 나는 그녀가 결혼 문제를 상담하러 왔을 때 "이런 문제가 있어", "아마 이런 일이 일어나지 않을까?", "넌 깨닫지 못했을지도 모르지만, 이런 점도 생각할 수 있어"라며 내 관점에 따라 일어날 수 있는 일들을 모두 이야기했다. 그리고 마지막으로 "하지만 결정은 네가 하는 거야"라고 말했다. 결국 그녀는 내 충고를 무시하고 그와 결혼하는 길을 선택했다. 이에 나는 본인이 최종적으로 그렇게 선택했다면 응원해주자고 결정했다. 결국 그녀는 반년도 되지 않아 이혼했지만,

이것은 어쩔 수 없는 일이라고 생각한다. 어엿한 성인인 그녀가 자신의 의지로 선택한 것이기 때문이다.

　설령 어떤 결과가 나오든 응원한다. 나는 이것이 상대를 소중히 여기는, 가족을 소중히 여기는 자세라고 생각한다. 또 일단 응원하겠다고 결정했으면 '내가 할 수 있는 일은 무엇일까? 무엇을 해줄 수 있을까?'를 생각해야 한다. 가수가 되고 싶다고 말하는 자녀에게는 '나는 부모로서 이 아이를 어떻게 응원해줄 수 있을까?'를 생각한다. 이것은 '지원자'가 되는 것이다.
　자신의 가치관만을 일방적으로 강요하고 '이건 다 너를 위해서야'라며 자신을 합리화하는 사람이 되어서는 안 된다.

 **설령 이해할 수 없더라도 상대의 결정을 진심으로 응원한다!**

05
가족에 대한 배려를
가장 우선한다

진정한 친절과 배려는 무엇일까?

우리 집에는 겐타라는 개가 있다. 나와 아내의 집안일 분담 규정에 따라 겐타의 산책은 아내 담당이다.

어느 날 나는 외출을 나갔다가 급하게 집으로 돌아왔다. 업무 동료와 회식을 하기로 약속한 시간이 코앞으로 다가왔기 때문에 서둘러 옷을 갈아입고 아내에게 "그럼 다녀올게"라고 말하며 나가려는데, 아내가 굉장히 피곤한 표정으로 나를 바라보면서 "어제 잠을 제대로 못 자서 졸려……"라고 중얼거렸다. '그러니까 겐타를 산책시키러 나가기 싫다 이건가?' 이렇게 느낀 나는 "그럼 겐타 산책은 어쩌려고?"라고 물었다. 그러자 아내는 "그게 오늘은 좀……"이라고 얼버무렸다. 나는 아내가 왜 어젯밤에 잠을 못 잤는지 알고 있었다.

새벽까지 친구와 술을 마셨으니 당연히 졸릴 수밖에. 아마 아내도 내가 그걸 안다는 것을 알고 있기에 끝말을 흐렸으리라.

'신 나게 놀고 나서 이건 좀 아니잖아? 겐타의 산책은 자기가 맡기로 결정했잖아. 그런데 졸리니까 못하겠다는 건 무책임한 소리잖아. 나도 지금 약속이 있다고.' 이런 감정이 치솟아 나도 모르게 아내에게 한마디 하려던 순간, 갑자기 이런 생각이 들었다. 나는 아내를 기쁘게 해주기로 결정했다. 좋은 남편이 되기로 결정한 것이다. 아내가 놀다가 잠을 못 자서 겐타의 산책을 못 시키겠다는 것은 분명히 무책임한 행동이다. 그러나 나도 내 멋대로 친구와 한잔 하러 나가거나 밴드와 등산, 조깅 같은 취미를 즐기고 있지 않은가? 생각해보면 아내와 한가로이 보내는 시간은 거의 없이 나를 위해서만 시간을 쓰고 있지 않은가?

그리고 느꼈다. 시간이 남아돌 때만 상대를 배려하는 것은 진짜 배려가 아니지 않을까? 자신에게 여유가 없을 때야말로 상대를 배려하는 것이 진짜 배려가 아닐까? 그때의 나는 시간이 남아돌면 상대에게 배려를 해주려고 했던 것이다. 즉 남는 물건을 아내에게 주려고 했음을 깨달았다.

나는 조용히 옷을 벗고 산책용 운동복으로 갈아입은 다음 아내 대신 겐타를 산책시키러 나갔다. 물론 회식 약속을 했던 업무 동료에게는 전화를 걸어 미안하다고 사과했다. 동료와의 약속을 희생해서라도 아내에게 사랑을 실천하는 쪽을 선택한 것이다. 동료에게는 미안하지만.

 이것은 단순히 아내 대신 개를 산책시켜준 이야기이지만, 이때 나는 애정과 배려에 대한 커다란 발견을 했다. 내가 배고플 때 식량을 나눠줄 수 있는 것이 진짜 애정이다. 내가 배부를 때, 쌀이 남아도니까 나눠주는 것은 진정한 애정이 아니다. 한 알밖에 없는 사탕을 쪼개서 주는 것이 가족이나 타인에 대한 진짜 친절이고 배려다. 나는 이 사실을 깨달았던 것이다.

스스로 기준을 정해나간다

 그러나 이런 식으로 하나부터 열까지 상대를 우선하면 항상 자신을 희생해야 한다는 것이 배려의 어려운 점이다. 그러므로 너무 무리해서는 절대 안 된다. 몇 번을 말하지만 사람은 억지로 참아서는 오래 계속할 수 없다. 자신이 할 수 있는 범위 안에서 최대한으로 하면 된다고 생각한다.

 가령 나는 요즘 거리의 쓰레기를 줍고 있다. 거리는 항상 쓰레기로 가득하다. 다 먹은 편의점 도시락통이 버려져 있고, 담배꽁초나 빈 담뱃갑은 말할 것도 없다. 빈 캔이나 페트병도 아주 자연스럽게 길거리에 방치되어 있다. 그래서 나는 외출을 할 때 쓰레기봉투를 들고 나간다. 그리고 거리를 걷다 쓰레기가 보이면 주워서 봉투에 넣는다. 그러나 거리의 쓰레기를 전부 줍기는 불가능하다. 그랬다가는 해가 떨어져도 목적지에 도착하지 못할 것이다. 그래서 나는 눈앞에 떨어져 있는 쓰레기, 내가 걷고 있는 길에 버려진 쓰레기만 줍고 나머지는 줍지 않는다는 규칙을 정했다.

옛날의 나라면 '이런 걸 주워서 무슨 의미가 있겠어? 여기저기 쓰레기투성이인데 나 혼자 줍는다고 달라지는 건 없어'라고 생각했을 것이다. 100퍼센트냐 0퍼센트냐, 항상 이렇게 이분법적으로 생각했다. 그러나 지금은 내가 수긍할 수 있는 기준을 정하고 기분이 좋아지는 행동을 하려고 결정했다.

배려도 마찬가지다. 자신이 할 수 있는 최대한의 배려를 적극적으로 발휘한다. 그러면 소중한 가족과의 관계가 더욱 돈독해지지 않을까?

배려는 여유가 있을 때뿐만 아니라 여유가 없을 때도 발휘해야 한다.

Chapter 4.
대인관계의 방침을 결정한다

01
인생을 함께 걸어갈 친구를 사귄다

지인과 친구는 다르다

어느 날 나는 우리 회사에 취직하고 싶어 하는 학생들을 면접했다. 학생들은 저마다 "서클에서 리더로 활약했습니다", "축구를 15년 했습니다", "야구로 고시엔에 진출했습니다"라고 어필했다. 그런데 그 가운데 "저는 친구가 많고 그 친구들을 소중히 여깁니다. 그래서 인맥이 넓습니다"라고 자신을 소개한 학생이 있었다. 그래서 그에게 "그래, 친구가 몇 명이나 되나?"라고 물었더니 "600명입니다"라는 대답이 돌아왔다. 그리고 물론 그 600명의 얼굴과 이름을 전부 구분한다는 것이었다.

나는 깜짝 놀라서 다시 물었다.

"자네는 친구와 지인의 차이가 뭐라고 생각하나?"

친구에는 여러 가지 정의가 있다. 그리고 사람마다 생각이 다르므로 나의 정의가 반드시 옳다고 생각하지는 않는다. 다만 내 나름의 정의로는 서로에게 고민거리를 상담할 수 있고, 상대를 위해 시간과 노력을 아낌없이 쓸 수 있는 관계일 때 비로소 친구라고 부를 수 있다고 생각한다. 물론 이 음식이 맛있다거나, 이 영화가 재미있다는 정보를 공유하는 사람은 100~200명은 될 수 있을 것이다. 그러나 그런 사람들은 친구가 아니라 단순한 지인이라는 것이 내 생각이다. 서로에게 고민을 상담하고 상대를 위해 시간을 할애할 수 있는 관계를 친구라고 부른다면, 그런 사람은 보통 10명도 되지 않을 것이다.

내 질문에 그 학생은 "저에게 친구란 휴대전화 번호나 이메일 주소를 교환한 사람입니다"라고 대답했다. 그리고 그런 친구들을 어떻게 소중히 여기고 있는지 묻자 "문자가 오면 꼭 답장을 하고, 자주 함께 모입니다"라고 대답했다. 이 대답을 듣고 나는 '이 학생에게는 친구와 지인의 경계가 없구나'라고 생각했다.

'친구'와 '지인'의 경계가 없다는 말은 누구와도 깊게 공유하지 않거나 혹은 모두와 깊게 공유하거나 둘 중 하나라는 의미다. 그러나 600명 모두와 깊게 감정을 공유하기는 사실상 무리다. 즉 그에게는 600명의 친구가 아니라 600명의 지인과 0명의 친구가 있는 셈이다. 그렇다면 나로서는 "친구가 두 명밖에 없습니다"라고 말하는 사람이 더 신뢰가 간다.

40대에는 친구를 소중히 여긴다

이렇게 잘난 듯이 말은 했지만, 사실 내게 친구 몇 명이 생긴 것은 최근 4~5년의 일이다. 정확히는 30대에 일단 친구들과 연락이 끊겼다가 40세가 지난 뒤에 학창시절의 친구와 신입사원 시절의 동기 등 옛 친구들과 다시 친해졌다.

일반적으로 30대는 결혼과 출산으로 가족이 생기고 이사를 하거나 회사를 옮기는 등 변화가 심해서 내부에서의 우선순위가 수시로 바뀌는 시기다. 특히 남성의 경우는 아내가 "아이하고 놀아주지 않고 무슨 술을 마시러 나가겠다는 거예요!"라며 친구들과의 자리에 나가지 못하게 하는 경우가 많다. 주택 대출금을 갚느라 용돈도 줄어든다. 이런 요소가 겹친 결과 대개는 친구와 만날 기회가 크게 줄어든다. 나도 바쁘다는 핑계로 친구들을 소홀히 대했다. 2~3년 동안 연락을 하지 않게 되면서 바뀐 연락처를 알 수 없게 되자 만사가 귀찮아져서 '나도 모르겠다'라며 포기했다.

그러나 옛 친구와 오랜만에 연락이 되어 다시 친해지자 솔직한 감정을 공유할 수 있는 친구의 소중함을 실감했다. 그리고 동시에 지금까지 내가 얼마나 친구들을 소홀히 여겼는지 깨달았다. '그래, 앞으로는 친구를 소중히 여기자. 친구들과 보내는 풍요로운 시간을 소중히 여기자.' 나는 이렇게 결정했다.

실제로 40대가 된 뒤에 깨달았지만, 친구가 있는 것과 없는 것은

40대 이후의 인생을 크게 바꾼다. 20대나 30대는 젊음의 기세가 있다. 그래서 동료들과 신 나게 먹고 마시고 떠들 수 있으며, 새로운 사람들과 연결되거나 만날 일이 많다. 그러나 40세가 넘어가면 그런 만남과 연결이 줄어들며, 그 결과 친구가 없는 사람, 외로운 사람이 늘어난다. 외로운 40대를 보낼 것인가, 친구와 풍요로운 시간을 공유하는 40대를 보낼 것인가? 이것은 40세가 될 때까지 친구를 소중히 여기겠다는 결정을 했느냐 안 했느냐에 달려 있다.

그렇다면 왜 40대에는 친구가 소중할까? 보통 40세가 넘어가면 일에 조금은 여유가 생긴다. 가령 고객을 방문할 때도 예전 같으면 자신이 만들던 자료 등을 20대나 30대의 부하직원에게 맡길 수 있다. 40대는 작업적인 업무가 크게 줄어들고 더 넓은 시야에서 일할 수 있게 되는 시기다. 그 결과 남은 시간을 혼자서 고독하게 보내느냐, 아니면 친구와 풍요로운 시간을 공유하느냐에 따라 큰 차이가 나게 된다.

이렇듯 40대에는 시간에 조금 여유가 생긴다. 그러니 친구를 소중히 여기고, 친구와 보내는 시간을 우선적으로 만들겠다고 정하기 바란다. 40대에는 그런 식으로 전환하는 것이 바람직하다.

 **결단** 친구를 소중히 여기는 사람이 되자.

02
친구를 소중히 여기는
마음을 실천한다

친구를 소중히 여긴다는 것에 대한 오해

뉴욕에서 일하고 있는 한 후배가 오랜만에 일본에 왔다. 그래서 친구 수십 명이 모여 한잔 하게 되었다. 나는 약속 시간 10분 전에 가게에 도착했다. 아니나 다를까, 아직 아무도 오지 않았다. 총무조차도 오지 않았다. 결국 시간에 맞춰 온 사람은 나를 제외하고는 한 명뿐이었고, 약속 시간을 30분이나 넘긴 뒤에야 모두가 모일 수 있었다. 그러나 딱히 상관은 없었다. 나는 남을 기다리게 하는 것이 싫어서 어지간한 사정이 없는 한은 반드시 시간을 지킨다. 아니, 남을 기다리게 하는 것이 싫다기보다 시간을 지키는 것이 친구를 소중히 여기는 일이라고 생각한다.

솔직히 말하면 그때 나는 원고 마감일이 코앞으로 다가온 급박한 상황이었다. 1분이라도 더 일하고 싶었다. 술자리에 나갈 상황이 아니었다. 사실 수십 명이 모이니 나 한 명쯤 없다고 티가 나지도 않았다. 옛날의 나라면 이렇게 생각하며 틀림없이 약속을 취소했을 것이다. 그러나 지금은 아무리 바빠도 친구와의 약속은 지키기로 결정했다. 약속을 지키는 것이 친구를 소중히 여기는 길이라고 생각하기 때문이다. 상대가 '오구라가 오든 안 오든 알 바 아니야'라고 생각하더라도 상관없다. '친구를 소중히 여긴다.' 이를 위해 약속을 지킨다. 그렇게 결정한 사람은 그 누구도 아닌 나 자신이다.

사실 처음에는 그 후배와 둘이서 만날 예정이었다. 고지식하고 성실한 그 후배는 일본에 올 때면 반드시 선배인 내게 전화를 걸어 "선배님, 저 일본에 들어가니까 같이 한잔 하시죠"라고 말한다. 이번에도 누구보다 먼저 내게 만나자고 연락하고 나를 위해 시간을 비워놓았다. 그러나 후배의 일정을 들어보니 업무 때문에 바빠서 나와 만나는 날 이외에는 옛 친구들과 만날 수 있는 날이 하루도 없을 것 같았다. 나를 만나기 위해 시간을 내준 것은 고마운 일이다. 그러나 나 말고도 그리운 친구, 보고 싶은 친구가 많을 것이다. 그렇게 생각한 나는 "너, 나 말고도 만나고 싶은 친구가 많을 거 아냐? 내가 모르는 친구라도 좋으니까 친구들을 전부 불러서 같이 마시자. 그러는 편이 더 즐겁지 않겠어?"라고 제안했다. 그러자 후배는 밝은 목소리로 "선배님, 그래도 되겠어요? 저야 그러면 당연히 좋지요. 친구들한테 연락해볼게요"라고 대답했다.

  그 결과 수십 명이 모인 성대한 환영회가 되었다. 나는 결국 그 후배와 거의 대화를 나누지 못했다. 그러나 그것으로 충분하다. 지금의 내게는 즐거워하는 친구의 모습이 더 소중하니까.

친구를 소중히 여기는 것, 그것은 '사랑'이다

  세계적인 베스트셀러 『사랑의 기술』에서 저자 에리히 프롬은 "사랑이란 감정이 아니라 상대를 소중히 대하는 행동이다"라고 말했다. 상대를 좋아해서 만나고 싶다, 상대를 생각하면 잠을 이룰 수가 없다 같은 마음의 움직임이 사랑이 아니다. 상대를 돕거나, 상대를 위해 시간을 내는 등 상대에게 기쁨을 주는 행동을 하는 것이 사랑이다. "사랑해"라는 말만 할 뿐 아무 행동도 안 한다면 그것은 사랑이 아니다.

  친구도 마찬가지다. "난 친구를 소중히 생각해"라는 말만으로는 친구를 소중히 여긴다고 할 수 없다. 정말로 친구를 소중히 여긴다면 친구를 소중히 대하는 '행동'을 해야 한다. 아무리 바빠도 친구와 보내는 시간을 우선한다. 그리고 친구와의 약속을 지킨다. 그래서 나는 기진맥진한 상태로 출장에서 돌아와 '오늘은 집에서 늘어지게 자고 싶어'라고 생각하더라도, 마감이 코앞으로 다가와 '원고

써야 하는데……'라고 생각하더라도 태연한 표정으로 친구와 즐겁게 술을 마신다.

  사람은 갓 태어났을 때는 단순히 사람일 뿐이며, 사람과 사람의 관계를 소중히 여기게 되었을 때 비로소 인간이 된다고 한다. 관계라는 것은 가족과의 관계, 부모와의 관계, 직장의 부하직원이나 상사와의 관계, 고객과의 관계 등을 가리키며, 친구와의 관계도 물론 여기에 해당된다. 즉 친구를 소중히 여긴다는 것은 인간이 된다는 의미다. 그래서 요즘은 '나도 드디어 인간이 되었구나'라는 생각이 들곤 한다.

  30대의 나는 이것을 깨닫지 못하고 그저 입으로만 "나는 친구를 소중히 생각해"라고 말할 뿐 아무런 행동도 하지 않았다. 그래 놓고는 내가 친구를 소중히 여긴다고 생각했다. 그러므로 당신은 지금부터 친구를 소중히 여기겠다고 결정하고 자기 나름의 방법으로 친구를 소중히 여기는 행동을 하기 바란다. 그것이 풍요로운 40대를 만드는 길이다.

 마음으로만 소중히 여기지 말고
그 마음을 행동으로 옮기자.

03
멘토를 얻기 위해 완벽주의를 버린다

이 세상에 완벽한 사람은 없다

　멘토는 일반적으로 개인적인 문제든 공적인 문제든 불문하고 무엇인가에 대해 상담하고 조언을 얻을 수 있는 존재를 말한다. 다시 말해 스승이자 존경하는 인물이라고 할 수 있다.

　나는 최근, 즉 44~45세가 되어서 처음으로 멘토를 가졌다. 그전까지는 "오구라 씨의 스승은 누구입니까?"라는 질문에 대답하지 못했다. 일반적으로는 '멘토야 있으면 좋고 없어도 그만 아니야?'라고 생각할지 모른다. 그러나 나는 마음속 어딘가에서 스승이 없는 나 자신을 부끄럽게 느꼈다. 존경할 수 있는 선배 한 명도 없다니, 무엇인가가 결여된 것이 아니냐는 생각이 들어 견딜 수가 없었다. 당시 나는 내가 왜 그렇게 생각하는지 알지 못했다. 아니, 더 정확하게는 내게 왜 스승이 없는지도 몰랐다. 그런데 최근에 그 수수께끼가 한꺼번에 풀렸다.

왜 내게는 멘토가 없었을까? 그 원인은 멘토가 될 만한 사람의 결점이나 부족한 점을 확대해서 바라보며 '상대를 전면적으로 받아들여서는 안 돼'라고 생각하는 나의 작은 그릇에 있었다. 즉 상대에게 어딘가 마음에 들지 않는 점이 있거나 부족한 부분이 있으면 그것만 바라본다. 그리고 '이렇게 미숙한 사람을 어떻게 스승으로 삼겠어?'라고 생각한다. 바로 내가 그랬다. '이런 사람은 내 멘토가 될 수 없어'라든가 '이 사람보다는 차라리 내가 낫지'라는 이상한 아집을 부리며 상대를 받아들이지 않았다.

사사건건 트집을 잡으며 "이런 사람을 존경할 수는 없어"라고 말하던 나는 타인을 받아들이지 못하는 그릇이 작은 인간이었다는 사실을 깨달은 순간 수수께끼가 풀렸다. '내가 그릇이 작아서 멘토가 없다는 사실을 깨닫게 되었어. 그래서 멘토가 없는 나 자신이 부끄러웠던 거야. 무엇인가가 결여되었다는 느낌이 들었던 거야'라고 깨달았다.

후지산은 멀리서 보면 참으로 아름답고 멋진 산이다. 그러나 가까이서 바라보면 바위가 울퉁불퉁 튀어나와 있고 쓰레기가 여기저기 떨어져 있어 지저분하다. 그렇다면 후지산은 아름답지 않은 산일까? 그렇지 않다. 역시 멋진 산이다. 이것은 인간도 마찬가지다.

멀리 떨어져 있는 사람은 장점이 보이지만, 가까이 다가가면 반드시 단점이 보인다. 스승으로 삼는다는 말은 그 사람에게 다가간다는 의미다. 그러므로 당연히 그 사람의 단점이 보일 수밖에 없다. 그러나 아무리 멘토라고 해도 결국은 사람이다. 이 세상에 완벽한 사람은 없다. 좋은 측면도 나쁜 측면도 전부 그 사람의 모습이므로 전부 포함해서 인정하고 존경할 수 있어야 한다.

이런 식으로 생각하게 된 뒤로 나는 훌륭한 멘토를 얻게 되었다. 멘토를 얻으면 진정한 배움을 얻을 수 있다. 그리고 인간으로서 성숙해질 수 있다. 40대는 인생에서나 직장에서나 한창 물이 오르는 시기이므로, 더더욱 멘토를 가지라고 권하고 싶다.

멘토가 인생의 계기를 만들어준다

"나도 그러고는 싶은데, 멘토를 어떻게 찾아야 하지?", "멘토를 얻으면 구체적으로 어떤 장점이 있는지 모르겠어." 이렇게 말하는 사람에게 나의 사례를 한 가지 소개하겠다.

고맙게도 내게는 존경할 만한 멘토가 몇 명 있다. 그중 한 명인 후루카와 히로노리 씨는 50대인 대선배 작가인데, 함께 술을 마시면 어디에서나 볼 수 있는 귀여운 주정뱅이가 된다. 취하면 계속해서 똑같은 말을 하거나, 테이블에서 꾸벅꾸벅 존다. 그리고 다음 날에는 자신이 무슨 말을 했는지 전혀 기억을 못한다. 강연을 할 때는 그렇게 멋지고 당당한 사람이 술만 들어가면 어디에나 있는 평범한 주정뱅이 아저씨가 되고 만다.

어느 날 그런 후루카와 씨가 나를 술자리에 초대했다. 그리고 늘 그렇듯이 얼마 마시지도 않았는데 혀가 꼬부라졌다. 그러면 후루카와 씨는 똑같은 말을 끊임없이 반복한다. "오구라 씨. 당신은 정말 최고야! 대단해! 일본을 바꿀 사람이야! 아니, 자네 같은 사람이 일본을 바꿔야 해!" 그러나 내게는 이것이 술주정꾼의 헛소리로만 들리지 않았다. 술에 취했다고는 해도 그 말속에서 열정이 느껴졌기 때문이다. 게다가 나를 칭찬해주고 있다. 설령 그것이 인사치레라고 해도 기분이 좋았다. 그래서 나는 "제가 할 수 있는 일이 뭐가 있겠습니까? 일본을 변화시키려면 제가 어떻게 해야겠습니까?"라고 물어보았다. 그러자 후루카와 씨는 질문이 끝나기가 무섭게 "인간 교육이야!"라고 대답했다.

요즘 세상은 인간 교육이 부족하다. 인간이란 무엇인가, 어떻게 살아야 하는가와 같은 교육을 아무도 하지 않게 되었다. 학교에서도 하지 않고, 부모도 하지 않는다. 물론 사회도 하지 않는다. 그래서 일본이라는 나라가 이상해져버린 것이다. MBA라든가 마케팅 같은 것도 중요하다. 그러나 그전에 삶의 자세나 의미 같은 더 중요한 것들을 전해야 한다. 이어서 후루카와 씨는 내게 "인간 교육을 하는 모임을 만들게!"라고 단호하게 말했다. 내가 마음속으로 막연히 품고 있던 생각을 꿰뚫어본 듯한 조언이었다. 이 한마디가 계기가 되어 나는 '닌겐주쿠(人間塾)'라는 공부 모임을 시작하기로 결심했다. 후루카와 씨가 내 등을 힘차게 밀어준 것이다. 다음에 만났을 때 후루카와 씨는 그날의 일을 거의 기억하지 못하는 듯했지만……. 어쩌면 나는 후루카와 씨가 별 생각 없이 한 말을 진지하게 받아들였는지도 모른다. 그러나 그렇다 해도 상관없다. 후루카와 씨가 내 인생에 커다란 계기를 만들어줬음에는 틀림이 없다. 멘토가 길을 열어준 것이다.

멘토를 두면 타인을 용서할 수 있게 된다

멘토를 두었을 때의 첫 번째 장점은 스승으로부터 가르침을 받거나 삶의 자세 또는 업무에 관한 구체적인 힌트를 얻을 수 있다는 점이다. 그리고 두 번째 장점은 응원을 받거나 귀여움을 받음으로써 마음에 여유와 안정감이 생긴다는 점이다. 자신이 존경하는 사람으로부터 격려나 응원을 받으면 마음이 든든해지고 용기가 샘솟는다. 그리고 세 번째 장점은 '타인을 너그럽게 받아들일 수 있게 된다'는 부차적인 효과다. 어쩌면 이 부차적인 효과가 멘토를 두었을 때의 가장 큰 장점인지도 모른다. 인간으로서 결코 완벽하지는 않은 멘토를 받아들일 수 있게 되면 그 멘토뿐만 아니라 자신의 상사나 부하직원, 동료 등도 용서하고 받아들일 수 있게 된다. 그리고 자신도 용서할 수 있게 된다. 결코 완벽하지 않은 존재인 자신도 그리고 상대도 용서할 수 있게 되면 마음이 편해지고 인간관계가 원활해진다.

자신을 용서하지 못하는 사람은 상대도 용서하지 못한다. 그래서 상대의 마음에 들지 않는 측면이나 나쁜 측면만 바라본다. 따라서 당연히 인간관계가 삐걱대게 되는데, 그러면 '왜 나는 인간관계가 이 모양이지?'라며 자신을 책망하는 악순환에 빠진다. 바로 옛날의 내가 그랬다. 그러므로 멘토로 삼을 만한 사람이 없다고 생각하는 사람은 쓸데없는 고집이나 완벽주의를 버리고 타인을 너그럽게 받아들이는 것부터 시작해보기 바란다. 가까이서 보면 후지산도 아름답지 않듯이, 어쩌면 당신의 멘토 후보가 너무 가까운 곳에 있어서 그 사람의 아름다움이 보이지 않는 것일 수도 있다. 당신 자신에게 딱 맞는 멘토는 의외로 가까이 있을지도 모른다.

 **마음을 열고 진심으로 타인을 받아들이겠다고 결정하면 멘토를 발견할 수 있다.**

04
후배나 젊은 세대를 진심으로 응원한다

후배에게 조언한다는 명목으로 평론하지 않는다

내 지인인 다테이시 쓰요시 씨는 컨설턴트이자 저자이며 동시에 '세미나 콘테스트'의 주최자이기도 하다. 이 콘테스트는 세미나 강사가 되기를 희망하는 회사원과 주부, 전문직, 자영업자 등 누구나 지원하여 강사가 될 수 있는 등용문이다. 일본 전국에서 수많은 사람이 모여 스스로 주제를 정하고 10분 동안 프레젠테이션을 한다. 그리고 승리한 사람은 전국대회에 나가며, 전국대회에서 우승한 사람은 실제로 세미나 강사가 될 수 있다.

"콘테스트를 꼭 보러 와주십시오." 다테이시 씨는 내게 이렇게 말했다. 얼마 후에는 그 콘테스트의 운영을 돕는 지인 두 명도 내게 같은 권유를 했다. 이렇게 서로 다른 사람에게서 세 번이나 같은 권유를 받자 '이건 운명이구나'라는 생각이 들었다. 그래서 시간을 내서 콘테스트를 구경해보기로 했다. 하지만 솔직히 말하면 그곳에서 무엇인가를 배울 것 같지는 않았다. 나는 수십 년 동안 컨설턴트의 길을 걸어온 사람이다. 요컨대 프레젠테이션의 전문가다. 노래의 세계로 치면 프로 가수가 노래자랑 대회에 가는 셈이다. 아무리 생각해도 따분할 것 같았다. 그러나 내가 가면 기뻐할 사람이 있다. 그렇다면 나를 위해서가 아닌 그 사람을 위해서 가자. 이런 생각으로 나는 콘테스트 회장으로 향했다.

콘테스트에서는 저마다 자신의 생각을 발표했다. '카리스마 점장의 고객을 사로잡는 접객 방법', '자기소개를 할 때 첫인상을 강하게 주는 방법', '자녀를 세 명이나 키우면서 세무사 자격시험에 합격하는 방법' 등등 소재가 다양하고 재미있었다. 그러나 역시 주제 설정이 어중간하다든가, 자신의 경험을 노하우로 추상화하는 힘이 약하다는 등의 허점이 많이 보였다. 대회에서는 참가자 한 사람 한 사람에 대해 조언을 적을 수 있는 종이를 나눠주었고, 나는 그들을 위해 수많은 조언을 적었다.

그러나 종이에 조언을 적으면서 그들의 열성적인 프레젠테이션을 듣다 보니 조금씩 마음에 변화가 오는 것이 느껴졌다. '다들 진짜 열심히 하는구나. 능숙하다고는 할 수 없지만 최선을 다하고 있어. 정말 멋진 사람들이야. 생각해보면 나는 한동안 이런 마음가짐을 잊고 있었어…….' 어느새 나는 그들에게서 배움을 얻고 있었다.

평론하는 입장에서 배우는 입장으로 처지가 바뀌는 것을 느꼈다.

'그렇군. 부끄럽게도 나는 평론가가 되어 있었어. 인생은 배움의 연속이야. 배운다는 겸허한 자세를 잃어서는 안 돼.' 나는 프레젠테이션은 제쳐놓고 내가 서 있어야 할 위치에 대해 생각에 잠겼다. 그런데 얼마 후, 문득 이런 생각이 들었다 '잠깐. 내가 정말 배우는 위치에 머물러 있어도 되는 걸까? 어쩌면 나는 지금 공부를 하고 있을 때가 아니지 않을까? 이 사람들에게 도움을 받고 있어서는 안 되지 않을까? 그렇다면 나는 무엇을 해야 할까? 나는 과연 어떤 일을 할 수 있을까?' 이런 생각이 드는 순간, 나는 드디어 깨달았다. '이렇게 열심히 노력하는 사람들을 응원해줘야 하지 않을까? 도와줘야 하지 않을까?'라는 것을 말이다.

평론하던 나, 배움을 얻은 나, 그들을 응원하고 싶다고 생각한 나. 이 가운데 어떤 것이 가장 바람직한 나일까? 고민할 필요도 없이 마지막의 나다. 그리고 가장 좋지 않은 나는 남을 평가하고 평론하는 나다. 이는 인간적으로도 아름답지 않다. 이렇게 깨달은 나는 4만 8,000명이 읽고 있는 나의 메일매거진을 통해 그들을 응원하기로 결정했다. "강사 데뷔를 응원하는 세미나 콘테스트가 있습니다. 그들은 이렇게 열심히 노력하고 있습니다. 여러분도 그곳에 가서 그들을 응원해주십시오. 그리고 여러분도 꼭 참가해보십시오." 또 나는 다테이시 씨에게 심사원 등의 스태프로 협력하겠다고 말했다.

물론 자원봉사로 말이다.

평론한다, 배운다 그리고 응원한다. 내 마음은 불과 2시간 사이에 세 가지 커다란 변화를 겪었다. 그리고 '응원한다'라는 관점의 소중함을 깨달았다. 흔히 선배는 후배에게서 부족한 점이 보이면 자기도 모르게 조언이라는 이름으로 평론을 하고 싶어 한다. 그러나 후배는 그런 평론을 원하지 않는다. 평론이 아니라 선배로서 '어떻게 하면 그들을 응원할 수 있을까? 어떻게 해야 그들을 도울 수 있을까?'라는 관점에서 자신이 할 수 있는 일을 생각하는 것이 중요하다. 앞으로 40대가 될 사람에게는 그런 관점의 변화가 필요하다.

선배에게서 받은 은혜를 후배에게 돌려준다

앞으로 40대를 맞이할 우리가 후배들을 돕는 것은 이 세상에 은혜를 갚는 길로 이어진다. 우리는 20대에서 30대에 걸쳐 선배나 상사로부터 수많은 도움을 받으며 성장했다. 그러나 젊었을 때는 자신이 도움을 받고 있음을 깨닫지 못한다. 오히려 당연히 자신을 도와줘야 한다는 식으로 생각하는 경향이 있다. 그러다 자신이 선배나 상사의 위치가 되었을 때 비로소 그것이 얼마나 힘든 일인지 깨닫고 크게 후회한다. '세상에, 나는 이렇게 많은 도움을 받으며 살아왔단 말인가? 그런데도 고맙다는 생각을 눈곱만큼도 하지 않았다니······. 부끄럽기 짝이 없군.' 그리고 선배나 상사에게 은혜를 갚아야겠다고 생각하지만, 그때쯤이면 그 사람들은 이미 곁에 없기 때문에 은혜를 갚을 수 없는 경우가 많다.

그러나 본인에게 직접 은혜를 갚지는 못할 때는 다른 사람에게 갚으면 된다. 요컨대 과거에 선배나 상사에게 받았던 은혜를 젊은이나 후배에게 갚는 것이다. '이번에는 내가 젊은 친구들을 돕자.' 이런 자세로 생각하고 실행하는 것이 중요하다. 우리는 깨닫지 못했지만, 이 세상은 수백, 수천 년에 걸쳐 그렇게 돌아가고 있었다.

그러므로 우리는 40대를 맞이하면서 생각을 전환해야 한다. 어떻게 하면 젊은이들, 후배들을 도울 수 있을까? 나는 과연 무엇을 할 수 있을까? 이런 관점에서 후배를 대하자. 그러면 틀림없이 세계가 극적으로 바뀌기 시작할 것이다.

후배를 자기 시선대로 평가하지 말고 순수한 마음으로 응원하자.

05
다른 분야의 사람과도 인간관계를 맺는다

다른 세계의 친구를 사귄다

내 친구인 K는 동네에 병원을 개업한 치과의사다. K는 항상 자신이 치과 기술은 가지고 있지만 경영에 관해서는 아무 것도 모른다고 겸손하게 말한다. 상식적으로 생각하면 "치과의사가 경영에 관해 모르면 어때?"라고 당당하게 말해도 될 것이다. 그러나 그는 경영에 관한 책을 읽고 세미나에 참석해 공부하는 등 자신의 시야를 넓히려고 열심히 노력한다.

K가 데리고 있는 스태프는 3~4명 정도로 많지 않다. 그러나 그는 스태프 한 사람 한 사람의 장래를 진지하게 고민한다. "어떻게 하면 접수를 보는 A씨가 좀 더 의욕을 낼 수 있을까?"라고 내게 상담을 하러 오기도 한다. 그때 나는 생각했다. 'K는 치과의사라는 전문 직업을 가지고 있으면서도 이렇게 열심히 공부하고 있구나. 스태프에

대해서도 진지하게 고민하고. 나도 멍하니 있지 말고 열심히 노력해야겠어.' 씩씩하게 열심히 노력하는 친구를 보고 커다란 자극을 받은 것이다. 그런데 반대로 나는 다른 친구에게 자극을 주는 존재인 모양이다. 가령 회사원 시절에 함께 일했던 옛 친구는 내게 "옛날에는 평범한 영업사원이었는데 회사를 경영하고 책도 쓰다니, 너 정말 열심히 사는구나"라고 말했다. 이런 식으로 서로에게 자극을 주는 관계는 즐겁다. '역시 친구는 참 좋구나'라는 생각이 든다.

자극을 주고받을 수 있는 친구를 가지는 것, 이것은 40대뿐만 아니라 30대에서도 중요한 일이다. 왜 그럴까? 30대가 되면 점점 일이 바빠진다. 사람은 바빠지면 편해지고 싶은 마음에서 점점 인간관계의 범위를 좁힌다. 그래서 어느 날 정신을 차려보면 거의 사내 동료하고만 술을 마시거나, 친구와 만나지 않고 가족하고만 시간을 보내는 자신을 발견한다. 친숙한 사람들하고만 모이며 자극과는 정반대의 편안함만을 추구한다. 그러나 안에만 틀어박혀 있으면 시야가 좁아지고 발상도 넓어지지 않으며 고정관념이 생긴다. 또 30대가 되면 지금까지의 성과가 쌓이며 기득권이 생긴다. '선배니까 요령을 부릴 수 있다. 후배가 대신 움직인다' 같은 편한 길이 잔뜩 생긴다. 그리고 자신이 일을 잘하게 되었다, 대단해졌다고 착각한다.

자신을 늘 경계해야 한다. 자신에게 자극을 주기 위해서는 다른 업종이나 다른 세계에서 열심히 일하는 친구를 사귀어 보자. 그런 친구를 보고 '세상에는 이렇게 대단한 사람이 있구나. 동년배 중에 이렇게 열심히 노력하는 친구가 있다니……. 나는 고작 이 정도였구나. 부끄러워'라는 생각과 함께 충격을 받기 바란다. 30대에는 착각으로 높아진 콧대를 납작하게 눌러줄 친구가 필요하다. 충격이나 자극을 받고 분발하는 기회를 만들어야 한다. 이것이 내가 다른 세계의 친구를 사귀라고 권하는 커다란 이유 중 하나다.

새로운 자극을 받고 시야를 넓힐 기회

나는 기업의 경영자나 인사부를 상대로 연수 또는 컨설팅을 제공하는 조직인사 컨설턴트이다. 컨설턴트 중에서는 물류나 컴퓨터 시스템에 특화된 전문 컨설턴트도 있다. 그들은 클라이언트를 상대로 물류나 시스템을 바꿈으로써 비용을 크게 절감하거나 효율화하는 방법을 제안한다. 일반인이 보면 나나 그들이나 전부 똑같은 컨설턴트이지만, 우리가 볼 때는 전혀 다른 업종이다.

어느 날 시스템 컨설턴트로 활약하는 친구와 서로의 일 이야기를 하면서 식사를 할 때였다. 그가 진지하게 이런 이야기를 했다. "아무리 비싼 시스템을 도입하고 규칙과 시스템을 만들어도 그것을 사용하는 사람에게 의욕이 없으면 아무런 소용이 없단 말이지. 오구라, 자네는 교육을 통해 사람을 키우고 의욕을 높이는 일을 하잖아? 그건 우리 시스템 컨설턴트가 할 수 없는 굉장히 중요한 일이야. 우리 고객에게도 꼭 도입했으면 좋겠다고 생각할 정도야." 그와 이야기를 나누면서 나는 '내가 하는 일은 다른 업종에서 봐도 가치 있는 일이구나'라는 사실을 재발견하게 되었다.

이와 같이 다른 업종에서 일하는 친구가 있으면 자극을 받을 뿐만 아니라, 자신이 하는 일에 대해 새로운 발견을 하거나 자신감을 얻을 때가 있다. 나는 친구의 말을 들은 뒤로 고객을 상대로 전보다 더 당당하게 컨설팅의 필요성을 이야기할 수 있게 되었다. 그리고 전보다 더 내가 하는 일에 자부심을 느끼게 되었다. 만약 내가 같은 업계에서 일하는 사람들하고만, 우리 회사 사람들하고만 만났다면 그런 깨달음을 얻지는 못했을 것이다.

40대는 자신이 하는 일에 원숙해지는 시기다. 그렇기 때문에 다른 업종에서 열심히 일하는 친구를 사귀는 것이 중요하다. 그들에게서 자극을 받고 지금까지 몰랐던 새로운 관점을 발견해 자신의 시야를 넓힐 수 있다. 나는 인간관계에서도 원숙해진 40대를 맞이하기 위해 30대가 그 전환점에 선 연령대라고 생각한다.

 다른 업종이나 다른 세계에서 일하는 친구를 적극적으로 사귀어라!

Chapter 5.
돈을 어떻게 벌고 쓸지 결정한다

01
정년퇴직 후에도 평생 현역으로 일한다

평생 현역을 지향하라

40대가 되면 정년 후의 인생에 대해 구체적으로 생각하게 된다. '65세에 정년퇴직을 한다고 가정하면 그때 받을 수 있는 연금은 얼마이니까 어느 정도가 부족하겠구나. 내가 80세나 85세까지 산다면 부족한 금액에 15년 또는 20년을 곱해야 하니까……. 좋았어, 그러면 부족한 금액을 정년까지 저축하자.' 이런 식으로 계획을 세우고, 노후에 어떻게 살지 생각한다. 대개는 이런 식일 것이다.

그러나 정말 이런 계획만으로 충분할까? 내가 당신에게 제안하고 싶은 것이 있다. 정년 후에도 일하는 인생을 생각해보지 않겠는가? 75세, 80세까지 일하는 인생을 생각해보지 않겠는가? 즉 평생 현역을 지향하는 것이다. 물론 도중에 병에 걸릴지도 모르고 쓰러져서 움직일 수 없게 될지도 모른다. 그럴 때를 대비해 역시 저축은 해둘 필요가 있다. 목표 금액을 100퍼센트 달성하지는 못하더라도 어느 정도의 자금은 준비하는 것이 좋다. 그리고 이와 더불어 75~80세까지 일하는 인생 설계도 생각해보기 바란다.

현역에서 일하고 있는 60세 이상의 사람을 대상으로 앙케트를 했다. 그 가운데 "언제까지 일하고 싶습니까?"라는 질문에 대해 "일할 수 있을 때까지"라는 대답이 가장 많았다. 그 이유로는 '수입이 필요해서'가 가장 많았고, '일하는 것이 몸에 좋으니까, 노화 방지를 위해', '일을 통해 친구나 동료를 얻을 수 있어서'가 그 뒤를 이었다. '움직일 수 있는 동안은 일하고 싶다'고 생각하는 사람은 꽤 많을 것이다.

그런데 "나이를 먹어서도 일하고 싶어", "일이 내 삶의 보람이야"라고 말하면 일을 해야 먹고살 수 있는 가난한 사람, 일 중독자처럼 보일 것 같아 창피하다고 말하는 사람이 있다. 그러나 나는 전혀 그렇지 않다고 생각한다.

인간은 사회와 연결되고 싶어 하는 동물이다. 관계성이라는 그물에 얽혀 있을 때 비로소 살아 있음을 실감한다. 혼자 우리 안에 들어가 있으면 살아 있음을 느끼지 못한다. 그래서 친구와 스포츠를 하거나 자원봉사 활동을 한다. 물론 그런 활동도 타인과의 연결, 사회와의 연결을 유지시켜준다. 그러나 역시 타인과 가장 깊은 관계를 맺을 수 있는 방법, 기쁨과 슬픔, 괴로움을 포함해 타인과 깊게 연관될 수 있는 방법은 뭐니뭐니해도 직장이 최고다.

일하는 것이 삶의 보람이라고, 평생 일하겠다고 당당하게 선언해보지 않겠는가? "정년퇴직 후에도 일하겠다니 불쌍해", "창피하지 않나?"라고 말하는 사람에게는 "아니, 무슨 소리야? 나는 행복을 위해서 일하는 거야"라고 말하면 된다.

이것도 하나의 기준으로 삼고 정년퇴직 후의 인생을 설계한다. 그러면 정년퇴직 후에도 계속 일하려면 지금 무엇을 해야 할지 생각하게 되며, 그 결과 40대 이후의 생활과 일하는 방식이 자연스럽게 달라질 것이다.

인생의 행복은 일을 통해 얻을 수 있다

'일본이화학공업'이라는 회사가 있는데, 『일본에서 가장 소중히 여기고 싶은 회사』라는 책에서 소개된 회사다. 나는 이 회사를 성장시킨 오야마 야스히로 회장의 말을 자주 인용한다.

"인간의 궁극적인 행복은 네 가지입니다.
　타인에게 사랑받는 것,
　타인에게 칭찬받는 것,

타인의 도움이 되는 것,

타인에게 필요한 사람이 되는 것.

사랑받는 것 이외의 세 가지는 일을 함으로써 얻을 수 있습니다. 그리고 저는 사랑받는 것조차도 일을 함으로써 얻을 수 있다고 생각합니다."

나는 다시 한 번 "정년퇴직 후에도 일하는 것은 부끄러운 일이 아니다. 오히려 멋진 일이다"라고 소리 높여 말한다. 오야마 씨가 말했듯이 인간의 행복은 일을 통해 전부 얻을 수 있으며, 가장 쉽게 얻을 수 있는 방법이다.

행복해지고 싶다면 일을 하자. "이제 나이도 나이인지라……"라는 변명은 그만하자. 몸이 움직이고 건강하다면 일을 해서 행복을 추구하기 바란다. 그리고 정년 후에도 일할 수 있도록 지금부터 독자적인 능력을 몸에 익히기 바란다.

 **결단** 행복한 인생을 위해 평생 현역을 꿈꾸어라.

02
회사에 기대지 않고도
돈 버는 능력을 갖춘다

월급 외의 수입을 얻는 길을 마련한다

　정년 후에도 일하자. 가능하면 평생을 일하자. 앞에서 나는 이렇게 말했다. 그런데 이 말을 듣고 "하지만 정년퇴직을 하면 회사에 남을 수 없잖아? 오구라 씨야 회사를 만들었으니까 괜찮겠지만 우리는 일하고 싶어도 일할 곳이 없다고"라고 반론하는 사람도 있을 것이다. 그러나 내 주위를 보면 할아버지가 되어서도 세미나 강사로 왕성하게 활동하는 사람이 많다. 80세, 90세는 물론이고 100세에도 현역으로 활약하는 분도 있다. 책을 쓰는 일도 나이와는 상관이 없다.

　사람들이 "결국에는 회사를 떠나야 하기 때문에 무리야"라고 말하는 것도 일리는 있다. 그러나 생각해보기 바란다. 지금은 언제 회사가 망해도 이상하지 않은, 언제 해고될지 모르는 시대다. 젊었을 때라면 회사를 옮기는 방법도 있겠지만 40대에 회사가 사라진다면 어떻게 하겠는가? 그러니 회사에 기대지 않고 돈 벌 방법을 궁리하자. 이것은 비단 정년 후를 위해서만이 아니라 지금을 위해서도 필요한 일이다. 40세를 기점으로 새롭게 돈 벌 방법을 익히겠다고 각오하자. 그리고 30대부터 그 준비를 시작하기 바란다.

지금 하는 일을 활용해 컨설턴트가 되는 방법

그러면 현재 회사에서 일하는 사람은 어떻게 해야 할까? 여러 가지 방법이 있는데, 회사에 기대지 않고 돈을 번다고 하면 기본적으로는 독립이라는 형태가 될 것이다. 그래서 나는 '누구나 컨설턴트'라는 발상을 소개하려 한다.

컨설턴트 업계 사람들은 "누구나 컨설턴트가 될 수 있다"라는 말을 종종 한다. 이렇게 말하면 경영 컨설턴트를 떠올리며 '내가 그런 걸 할 수 있을 리가 없잖아?'라고 생각하는 사람이 많을 것이다. 그러나 범위를 좁혀서 자신이 10년, 20년 동안 해온 업무나 자신 있는 분야로 압축해보자. 그것을 컨설팅하면 된다.

내가 실제로 알고 있는 '누구나 컨설턴트'의 예를 몇 가지 소개하겠다.

· 명함 컨설턴트 : 매출 확대로 이어지는 명함을 만든다.

- 아침회의 컨설턴트 : 아침회의를 통해 조직을 활성화한다.
- 세일즈레터 컨설턴트 : 세일즈레터로 매출과 고객을 늘린다.
- 절감 컨설턴트 : 경비나 각종 비용을 절감한다.
- 설문조사 컨설턴트 : 고객으로부터 설문조사를 해서 분석하고 그것을 그대로 판촉 활동에 이용해 매출을 높인다.
- 인맥 컨설턴트 : 풍요로운 인간관계를 구축해 꿈을 실현시킨다.
- 클레임 컨설턴트 : 불평 고객을 단골로 바꾼다.
- 칭찬 컨설턴트 : 칭찬을 해서 자신이나 타인의 자아상을 높인다.

여기에서 소개한 것은 극히 일부에 불과하다. 이밖에도 수많은 분야가 있다. 그리고 그 모두가 컨설팅을 부업이 아닌 본업으로 삼아 충분히 생계를 꾸리고 있다. 이것을 보고 '이런 컨설턴트도 있구나. 내가 지금 하는 일도 컨설팅에 활용할 수 있을지 모르겠는걸?' 이라고 생각하는 사람도 많을 것이다. 이런 생각은 그저 혼자서 멋대로 '난 안 돼……'라고 체념하고 있을 뿐이다. 자신이 지금 하고 있는 전문 분야를 활용한다면 누구나 컨설턴트가 될 수 있다. 회사에 기대지 않아도 충분히 돈을 벌 가능성이 있다.

취미나 사생활을 직업으로 연결하는 방법을 찾자

자신이 하고 있는 일 외에 조금 특수한 취미나 사생활 속의 경험이 직업으로 이어지는 경우도 있다. 내 지인 중에 여성 모임을 기획하고 주최하는 여성이 있다. 취미로 여성 모임을 기획하는 사이에 그것이 매주 행사가 되었고, 그 규모도 점점 커졌다. 지금은 블로그나 페이스북에 글을 올리면 여성 100~200명은 그냥 모일 정도다. 그러자 여기에 주목한 기업이 접근했다. 가령 의류 회사는 '여성들을 모아서 패션쇼를 열고 싶다'라는 요청을 했고, 여성을 대상으로 한 요리 교실은 '요리 교실을 광고하고 싶다'라고 의뢰했다. 이렇게 되면 이미 여성을 대상으로 한 PR 코디네이터가 된 것이나 마찬가지다. 따라서 그녀가 독립해 컨설턴트가 되는 것은 지극히 자연스러운 흐름이었다. 이런 식으로 자신의 취미나 사생활을 직업으로 연결하는 것도 하나의 방법이다.

그러나 나는 지금 당장 회사를 그만두고 독립하라고 권하지는 않는다. 이것은 어디까지나 회사가 망하거나 해고를 당할지 모르는 리스크에 대한 대비책이자 정년퇴직 후에도 계속 즐겁게 일하기 위한 준비인 것이다. 지금 당장 독립하는 것이 아니라 평일에는 열심히 일하고 주말에만 간이 개업을 해보자. 그래서 돈 버는 힘을 서서히 키워나간다. 40대에는 이런 것도 시야에 넣어두고 활동하면 정년 후 자립에 큰 도움이 된다.

 **자기 나름의 컨설턴트가 될 준비를 하라.**

03

세를 들 것인가,
내 집을 살 것인가?

부동산에는 자산가치 감소 위험이 있다

30대에서 40대에는 집을 살 생각을 하거나 실제로 사는 사람이 많을 것이다. 한편 "아니, 나는 임대로 평생 살 거야"라는 사람도 있다. 나는 현시점에서는 임대파다. 주위에서는 "내 집을 사는 편이 좋아. 같은 금액이라면 집을 사는 편이 집이라도 남으니까 좋잖아?"라고 말한다. 손익을 따지면 분명히 집을 사는 편이 더 좋을지도 모른다.

40대인 나는 세를 들든 내 집을 사든 상관없다고 생각한다. 다만 집을 구입한다면 당연히 위험을 고려해야 한다. 당신도 알겠지만, 부동산은 자산가치의 감소라는 위험이 있다. 부동산은 구입한 순간 중고가 되므로 그 가격이 크게 떨어진다. 게다가 사정이 있어서 집을 팔아야 할 때 생각처럼 팔리지 않을 위험도 있다. 내 친구 한 명은 "평생 살 거니까 자산가치 감소 같은 건 상관없어"라고 말했지만, 의도치 않게 집을 팔아야 했던 경우도 있었다.

직장과 가정에 아직 유동적인 부분이 많아 인생 계획이 확정되지 않은 30~40대에는 항상 이런 위험에 대비해야 한다.

부동산 구입의 가장 큰 위험은 삶의 방식이 한정되는 것이다

사실 내가 하고 싶은 말은 집을 구입할 때 일반적으로 이야기되는 위험뿐만 아니라 더 큰 위험이 있다는 점이다. 바로 삶의 방식이 한정되는 위험이다.

예를 들어 현대의 경영에서는 자산을 보유하지 않는 경영을 하는 경우가 있다. 회사가 5억 엔, 10억 엔을 써서 부동산을 샀다고 가정하자. 그러면 일시적으로 돈이 사라진다. 정확히 말하면 부동산이라는 자산으로 바뀌었을 뿐 사라진 것은 아니지만, 부동산은 조금씩 잘라 팔 수가 없다. 그러므로 부동산에 사용한 5억 엔 또는 10억 엔은 사용할 수 없는 묶인 돈이 된다. 주주로서는 '뭐하는 거야? 그 10억 엔을 써서 돈을 불려야 할 거 아니야?'라고 생각할 것이다. 설비 투자를 하거나 광고를 하거나 신제품을 개발하는 등 미래에 더 큰돈을 창출하기 위해 그 돈을 써야지 사장 개인의 만족을 위해 부동산을 사서는 안 된다는 것이 주주의 발상이다. 물론 건설 회사가 아파트를 짓는 것은 이야기가 다르다. 그러나 자사의 빌딩을 갖고 싶은 마음에 부동산을 사서 돈을 묵히는 것은 경영자가 해서는 안 될 행동이라는 것이 현대 경영의 기본적인 사고방식이다.

나는 개인이 집을 사는 것도 이와 비슷하다고 생각한다. 꾸준히 저금해온 돈을 집을 사는 데 사용한다. 그러면 그 돈은 쓸 수 없는 돈이 된다. 그 돈을 부동산이 아닌 다른 곳에 사용하는 것이 더 좋지 않았을까? 그 돈으로 외국에서 생활해보거나, 대학에 가서 공부를 하거나, 오랜 꿈이었던 독립을 하는 등 미래의 돈을 만들어내기 위해 투자를 해야 하지 않았을까? 나는 이렇게 생각한다.

자신의 돈을 고정자산으로 바꿔 묵히면 결국 미래에 여러 가지 제약이 생긴다. 이 점을 감안하면 나는 미래에 대한 투자가 필요 없을 만큼 생활 기반이 어느 정도 확립되고 궤도에 올랐을 때 집을 사는 편이 낫다고 생각한다. 옛날에는 40대가 바로 그런 시기였다. 그러나 지금은 40대에도 앞날이 잘 보이지 않는다. 언제 회사가 도산할지 알 수 없고, 언제 자신이 해고당할지도 알 수 없다. 그런 시대를 살고 있으므로 집을 살 때는 위험을 충분히 고려할 필요가 있다.

3,000만 엔짜리 사내가 되지 마라

그런 나도 30대에 집을 사려고 한 적이 있다. 그런데 한 지인이 내게 이렇게 말했다. "오구라, 지금은 절대 집을 사면 안 돼." 이유는 집을 사면 그 가격 이상의 남자가 될 수 없다는 것이었다. "예를 들어 3,000만 엔짜리 집을 샀다고 가정해보자고. 그러면 대출금을 갚느라 고생하는 사이에 자기도 모르게 '3,000만 엔만 갚으면 돼'라는 수비적인 자세에 돌입하게 돼. 그리고 그 대출금의 틀에 갇혀 도전을 포기하지. 이건 정말 무서운 일이야. 어쩌면 10억 엔짜리 집에서 살 수 있는 사람일지도 모르는데 말이야."

이 말을 듣고 많은 것을 느낀 나는 아직도 집을 사지 않았다. 지금이라면 어느 정도 규모의 집은 살 수 있다. 그러나 나는 그 금액만큼의 사내로 끝나고 싶지 않다. 그 금액을 지키는 데 급급한 사내가 되고 싶지 않다. 40대 중반에 접어든 지금도 2억 엔, 3억 엔짜리 집을 살 수 있는 사람이 될 수 있다고 믿기 때문이다.

40대에는 세를 들든 집을 사든 상관없다. 그러나 지금 아직 더 성장할 수 있는 30대는 집을 사면 자신을 틀에 가두는 리스크가 있음을 염두에 둬야 한다. 이 점을 고려하며 결정하기 바란다.

 **결단** **나의 가치부터 향상시킨 후에 집을 사라.**

04
도심에서 살 것인가, 교외에서 살 것인가?

라이프스타일에 맞춰 살 곳을 결정한다

나는 흔히 "30대는 도심에서 살아라"고 말한다. 30대는 기회를 넓혀야 할 시기이며, 타인과의 만남을 통해 자신의 생각을 깊게 하고 변화하는 성장의 시기다. 그러므로 조금이라도 기회를 놓치지 않도록 사람을 많이 만나고 새로운 문화를 접하기 쉬운 도심에서 살 것을 권한다.

나 역시도 이런 경험이 있는데, 교외에 살면 도심으로 외출하기가 귀찮아져서 점점 사람들을 만나지 않게 된다. 이것은 참으로 안타까운 일이다. 30대에는 안정보다 변화와 만남을 소중히 여겨야 한다. 부디 기회가 많고 사람을 만나기 쉬운 도심에서 살기 바란다.

그렇다면 40대는 어떨까? 40대가 되면 자신의 라이프스타일도 사회적 지위도 어느 정도 확립된다. 30대와 마찬가지로 기회를 넓히거나 변화하기를 바란다면, 그리고 새로운 것을 접하는 자극을 원한다면 도심에서 살면 된다. 나와 내 아내는 이런 라이프스타일을 추구하기 때문에 40대에도 계속 도심에 살고 있다. 한편 교외에 살며 가족과 보내는 시간을 소중히 여기는 것도 좋다. 정원을 가꾸고 자연과의 접촉을 소중히 여기는 것 또한 멋진 라이프스타일이다. 40대에는 자신의 라이프스타일에 따라 도심에서 살지 교외에서 살지 자연스럽게 결정될 것이다.

도심에서 산다면 정기적으로 자연을 접한다

다만 도심에서 살든 교외에서 살든 주의해야 할 점이 있다. 바로 균형이다. 도심에 산다면 의도적으로라도 자연을 느끼고 누리는 시간을 마련하자. 타인과 관계를 맺는 것은 참으로 멋진 일이지만 항상 신경을 써야 하기 때문에 마음에 여유가 부족해진다. 나도 정기적으로 자연을 접하지 않으면 짜증이 나며, 마음이 메마른다. 그래서 나는 정기적으로 등산이나 캠핑을 간다. 산에 오르거나 캠핑을 함으로써 자연을 접하는 것이다.

방법은 무엇이든 상관없다. 하이킹도 좋고 바다에 가서 서핑을 해도 좋다. 가족과 함께 가족농장에서 채소를 키우는 것도 좋다. 도심에 살기로 결정했다면 의식적으로 자연을 접하는 기회를 갖자.

"시간이 나면 해야지"라며 뒤로 미루지 말고 적극적으로 접하려는 자세가 중요하다.

또 자극이 가득하고 다양한 사람과 만날 수 있는 도심에 살면 가족을 내버려두고 놀러 다니는 등 아무래도 가족과의 시간이 부족해지기 쉽다. 그러므로 의도적으로 가족과 보내는 시간을 만드는 것도 중요하다. 나는 직업상 여러 업계의 사람과 거의 매일같이 저녁 식사를 한다. 그러다 보니 어쩔 수 없이 가족과 보내는 시간이 줄어들었다. 아내를 내버려두고 매일 밤마다 술을 마시러 다녔다. 그러던 어느 날, 나는 "집에 있는 날이 거의 없어"라는 아내의 푸념을 듣고 '그렇구나. 나는 아내에게 시간을 할애하지 않고 있었어'라고 깨달았다. 이것은 문제가 된다. 소중한 사람을 소중하게 대하지 않는다면 그것은 나 자신의 성실함에 거짓말을 하는 셈이기 때문이다. 그 뒤로 나는 아무리 바빠도 가급적 매일 밤 30분씩 아내와 함께 개를 산책시키기로 결정했다. 도시 생활에서 부족해지기 쉬운 가족과의 시간을 보충하기로 결정한 것이다.

교외에서 산다면 적극적으로 사람을 만나라

그렇다면 교외에서 살 때 보충해야 점은 무엇일까? 교외에서 살면서 여유로운 시간을 보내는 것도 좋지만, 그와 동시에 세계를 넓히는 것도 잊지 말아야 한다. 귀찮아하지 말고 도심에 가서 최신 영화를 보거나, 최근 화제가 되고 있는 장소에 아내나 아이들을 데리고 가거나, 유명한 라이브하우스에서 음악을 듣자. 도심 특유의 자극과 발견을 보충하는 것은 도심에서 사는 사람이 자연을 보충하는 것과 마찬가지로 중요한 일이다.

또 교외에 사는 사람이 주의해야 할 점은 상당히 노력하지 않으면 점점 사람들과 만나지 않게 된다는 것이다. 이것은 내가 산증인이다. 예전에 나는 가나가와 현의 후지사와 시에 살았다. 바다가 있고 자연이 풍부한 멋진 곳이다. 당시 나는 리쿠르트에서 일했는데, 전철을 타면 회사가 있는 신바시역까지 1시간이 걸렸다. '전에 살던 세타가야와 거의 차이가 없네?' 처음에는 그렇게 생각했다. 그러나 도심에서 택시를 타면 집까지 2만 5,000엔이나 나온다는 사실을 알았다. 절대까지는 아니더라도 어지간해서는 택시를 탈 엄두가 나지 않았다. 따라서 막차를 놓쳤다가는 큰일이었다. 그런 까닭에 술자리에 가도 막차 시간이 신경 쓰여 즐겁게 놀 수가 없었다. 그러다 보니 술자리에 나가는 것이 점점 귀찮아져 참석 횟수가 점차 줄어들었고, 사람들과도 점점 만나지 않게 되었다.

지금 되돌아보면 그때는 완전히 다른 사람이었다. 그러므로 교외에 사는 사람은 의도적으로 사람들과 만나려고 노력하기 바란다. 여유롭게 시간을 보내는 것은 좋지만 세계를 좁히지 말고 넓히는 것도 중요하게 생각하기 바란다.

그리고 교외에 사는 사람은 출퇴근 시간을 잘 활용해야 한다. "이동 시간을 어떻게 사용하느냐에 따라 인생이 달라진다"라고 해도 과언이 아니다. 가령 이동 시간이 편도 1시간 반, 왕복 3시간이라면 그 시간에 책 한 권은 읽을 수 있다. 이런 식으로 책을 200~300권이나 읽은 지인이 있는데, 그 사람은 책을 읽은 덕분에 인생이 달라졌다고 말했다.

교외에서 살기로 결정했다면 출퇴근 시간이 길다고 불평하지 말고, 그 시간이 있음을 행운으로 생각하자. 그리고 효과적으로 활용하자. 40대의 삶에는 이렇게 긍정적으로 균형을 유지하는 것이 필요하다.

 **도심에서 살면 자연을, 교외에서 살면 사람과 만나는 시간을 만들어라.**

05

타인을 위해
돈 쓰는 행복을 누린다

40대부터는 자신의 돈으로 타인을 응원하라

얼마 전에 친구인 J로부터 이메일을 받았다. 그는 중견 기업에서 일하는 30세의 평범한 회사원이다. 그 이메일에는 "조카딸이 대학에 진학할 수 있도록 제가 학비를 지원하기로 결정했습니다"라고 적혀 있었다.

그의 형은 집안의 이런저런 사정으로 인해 경제적으로 어려웠다. 그래서 조카딸이 대학에 가고 싶어도 포기할 수밖에 없는 상황이었다. J는 그런 조카딸이 불쌍해서 견딜 수가 없었다. 자신 역시 월급이 그렇게 많다고 할 수 없는 평범한 회사원이었기 때문에 조카딸을 돕겠다는 결정은 멋지지만, 정말 가능할까?라고 생각했다. '결코 많은 금액은 아니지만 저금해놓은 돈이 어느 정도 있잖아? 이제 겨우 서른인데 벌써 노후를 걱정하기보다는 지금 당장 돈이 필요한 조카딸을 위해 그 돈을 쓰자. 돈이야 앞으로 얼마든지 다시 모을 수 있어. 하지만 그 아이의 장래는 지금이 중요하잖아? 서른을 기점으로 나만을 위해서가 아니라 누군가를 위해서 돈을 쓰기 시작하자.' 이런 내용의 이메일을 읽고 나는 "정말 멋지구나. 대단해. J는 30세에 벌써 베푸는 행복으로 전환했어"라고 감탄했다.

30세, 40세를 넘기면 타인을 응원하는 데 기꺼이 자신의 돈을 쓰자. 자선 단체에 기부하는 것도 좋고, 후배의 회사에 출자하는 것도 좋다. 내 친구 J처럼 친척을 돕는 것도 좋다. 슬슬 그런 용도로 돈을 쓰기 시작해보면 어떨까? "마음은 굴뚝같지만 아이들 교육비가……", "대출금을 갚느라 내 용돈도 줄었어. 솔직히 그럴 상황이 아니야." 분명히 맞는 말이다. 특히 40대는 자녀의 교육비와 주택 대출, 부모님의 개호 등 돈이 많이 나가는 시기다. 목돈 같은 것은 없다, 남을 응원하는 것은 현실적이 아니라는 의견이 대부분이리라. 그렇다면 소액이어도 좋다. 가령 한 달에 1,000엔씩 기부하는 방법도 있다.

'기부한 사람이 기부를 받은 사람보다 행복해질 수 있다'라는 말이 있다. 기부를 받은 사람은 물질적인 행복을 느낀다. 한편 기부한 사람은 누군가에게 도움을 주고 있다는 데서 정신적인 행복을 느낄 수 있다. 기부를 함으로써 마음의 행복을 얻을 수 있는 것이다. 동

일본 대지진 이후 많은 사람이 기부를 했다. 기부를 함으로써 자신들이 서로 도우며 살고 있음을 실감한 사람도 많을 터이다. 그것이 바로 베푸는 행복이다.

얼마라도 상관없으니 타인을 위해 돈을 쓰기로 결정하자. 그리고 조금씩 실행하자. 여기에서 행복을 느낄 수 있게 된다면 틀림없이 멋진 40대를 맞이할 것이다.

말뿐인 감사는 진정한 감사가 아니다

나는 매년 유니세프에 소액을 기부한다. 기부를 하면서 상대를 생각하게 된다. 그리고 '나도 누군가의 도움으로 살고 있지 않을까?'라며 누군가의 도움을 받고 있는 현재의 자신을 곱씹게 된다. 그러면 자연스럽게 감사하는 마음이 샘솟는다. 감사하는 마음이 생기면 무엇인가 행동을 하고 싶어진다.

많은 사람이 "감사합니다"라는 말을 쉽게 한다. 그러나 감사는 그렇게 간단한 것이 아니다. 정말 어려운 것이다. 진심으로 고마운 마음이 있다면 어떤 형태로든 행동을 할 것이기 때문이다. 행동하지 않고 마음으로만 고마워하는 것은 진정으로 고마워하지 않는 것이다. 행동과 마음은 표리일체이기 때문이다.

나는 감사하는 마음이 곧 사랑하는 마음이라고 생각한다. 앞에서도 말했지만 사랑은 상대가 좋아서 가슴이 두근거리는 마음, 만나고 싶은 마음이 아니라 상대가 기뻐할 행동을 하는 것이다. 감사도 마찬가지다. 마음속으로만 '감사합니다'라고 생각하는 것은 진정으로 고마워하는 것이라고 할 수 없다. 진정한 감사는 행동으로 나타나야 한다. 예를 들면 소중한 누군가를 위해 자신의 시간을, 자신의 돈을, 자신의 마음을 쓰는 것이다.

"무슨 소리야? 나는 행동은 하지 않을지 몰라도 진심으로 고마워하고 있다고." 이렇게 말하는 사람에게는 '지행합일(知行合一)'하라는 말을 들려주고 싶다. '아는 것과 행하는 것은 하나다. 알기만 하고 실행하지 않는다면 모르는 것과 같다'라는 의미다. 고맙지만 행동으로 나타내지 않는 것은 감사의 진정한 의미를 모른다는 뜻이다. 진정으로 감사의 의미를 안다면 행동으로 나타나야 한다.

자신의 시간, 돈, 마음을 써서 고마움을 나타내자. 베푸는 기쁨을 느끼기 시작하는 40대부터는 고마운 마음을 그렇게 바꿔 표현해도 좋지 않을까 생각한다.

 **결단** 감사한 마음은 행동으로 표현하자!

어떤 몸과 마음으로
살지 결정한다

01
일시적인 다이어트는 하지 않는다

몸 상태가 직접적으로 일에 영향을 끼치는 40대

부끄러운 일이지만, 나는 사회인이 된 뒤로 매년 몸무게가 꾸준히 늘었다. '이래서는 곤란해. 어떻게든 살을 빼야겠어.' 초조해진 나는 온갖 다이어트 방법을 시도했다. 사흘 동안 단식도 해보고, 탄수화물을 먹지 않기도 해보고, 1일 1식을 실천해보기도 하고, 다이어트 식품만 먹기도 했다. 그러나 23년 동안 시도한 다이어트는 모조리 실패로 끝났다. 그랬던 내가 최근 1년 사이에 23킬로그램을 빼는 데 성공했다. 실패만 거듭하던 내가 어떻게 다이어트에 성공할 수 있었을까? 그것은 '평생 다이어트'를 결정했기 때문이다.

왜 평생 다이어트가 필요할까? 그것은 나이 때문이다. 30대일 때는 젊기에 큰 문제가 없지만, 40세가 넘으면 건강관리가 필수이다. 이것은 내가 실제로 겪은 일인데, 40세를 넘긴 뒤로는 원고를 쓸 때 몸 상태가 나쁘면 형편없는 문장이 나왔다. 아니, 애초에 글이 진행되지 않았다. 30대에는 체력과 기력으로 어느 정도 극복할 수 있지만, 40대에는 몸 상태가 완전하지 않으면 제대로 일을 할 수가 없다. 그때 나는 비로소 건강관리가 일의 성과로 직결됨을 깨달았다.

또 나는 사회인이 된 뒤로 만성적인 요통과 어깨 결림에 시달렸다. 내 경우는 비만이 큰 요인이었는데, 매년 허리를 삐끗해서 의자에 앉지 못하고 누워서 일을 했다. 이런 일이 반복되다 보니 나는 '이래서는 만족스럽게 일을 할 수가 없잖아. 진지하게 건강관리를 해야겠어'라고 생각하게 되었다. 모든 건강관리의 기본은 식생활이다. 사는 것은 곧 먹는 것이며, 먹는 것은 곧 사는 것이다. 그래서 나는 먼저 나의 식생활을 바로잡아야겠다고 생각했고, 결국 평생 다이어트가 답이라는 결론에 도달했다.

그때까지 나는 다이어트를 일시적인 이벤트로 여겼다. 그러다 보니 다이어트를 무리하게 할 수밖에 없었다. 그러나 무리하면 오래 계속할 수 없다. 결국 '역시 안 되겠어'라며 포기했고, 다시 예전 몸무게로 돌아갔다. 아니, 살이 전보다 더 쪘다. 이런 실패를 수없이 반복해왔다. 실패의 원인을 분석한 나는 '지금까지와 반대로 해보면 어떨까?'라고 생각했다. 그때까지 계속했던 일과성 이벤트, 일시적으로 참는 다이어트가 아니라 길고 가늘게, 평생 다이어트를 계속하는 방법이다. 길고 가늘게 하다 보니 결과가 나오기까지 몇 년이 걸릴지 알 수 없다. 하지만 그래도 꾸준히 계속하자, 그렇게 결심했더니 의외로 불과 1년 만에 극적으로 살을 빼는 데 성공했다.

평생 다이어트는 무리해서는 계속할 수 없다. 그래서 나는 무리하지 않는다. 고기도 먹고 생선도 먹는다. 라면도 먹는다. 가리는 것 없이 다 먹는다. 다만 조금씩 양을 줄이거나 채소를 많이 먹는 등 정말 작은 다이어트를 꾸준히 계속하고 있다.

'티끌 다이어트'를 꾸준히 하면 반드시 성과가 나온다

내가 실천하는 '티끌 모아 태산 다이어트', 줄여서 '티끌 다이어트'의 내용을 소개하겠다.

- 고기는 지방을 제거하고 먹는다.
- 닭고기는 껍질을 먹지 않고, 지방이 적은 가슴살을 먹는다.
- 튀김을 먹을 때는 튀김옷을 절반 정도 벗겨낸다. 튀김옷은 절반만 먹고 절반은 먹지 않는다.
- 드레싱은 논오일, 마요네즈는 칼로리 1/2로 기름을 사용하지 않은 제품을 먹는다.
- 식사할 때는 반드시 채소를 먼저 전부 먹는다. 그 후에 탄수화물과 육류를 먹는다.
- 한 끼에 최소 3종류의 채소를 먹는다(대개는 5종류 이상을 먹고 있다).

- 채소는 되도록 불에 익힌 것(많이 먹을 수 있다), 녹황색 채소를 많이 먹는다.
- 기름에 볶은 것은 먹지 않고 찌거나 삶은 것을 먹는다.
- 밥을 지을 때 1/3은 곤약쌀을 사용한다(33퍼센트 적은 칼로리로 배부르게 먹을 수 있다!).
- 현미를 사용한다(꼭꼭 씹어 먹게 되어 포만감을 느낀다).
- 미역과 미역줄기를 매일 먹는다(해조류는 거의 칼로리가 제로이며 지방의 흡수를 저해한다).
- 아침에는 반드시 과일을 먹는다.

이런 식으로 티끌 다이어트를 실천하고 있다. 다만 다이어트를 하면 아무래도 배가 고프기 쉽다. 나는 다이어트를 시작한 뒤로 갑자기 단 음식이 먹고 싶어졌다. 그러나 과자는 곤란하다. 백설탕을 섭취하면 혈당치가 급격히 상승한다. 혈당치가 천천히 상승하면 포만감이 느껴지지만 급격히 상승하면 오히려 쇼크 증상을 일으켜 배가 더 고파진다. 그래서 단 음식을 계속 먹게 되는 것이다.

단 음식이 단 음식을 부른다는 사실을 안 뒤로 나는 가급적 과자를 먹지 않기로 했다. 지금은 단 음식 대신에 어딜 가든 현미 주먹밥 하나를 항상 가지고 다닌다. 그리고 배가 고프면 그것을 먹는다.

이런 이야기를 했더니 한 친구가 "외식이 많아서 너처럼 티끌 다이어트는 힘들어"라고 말했다. 그러나 내가 집에서 저녁을 먹는 날은 한 달에 2, 3일뿐이다. 밤에는 대부분 업무상 약속 등으로 외식을 한다. 외식을 할 때는 먼저 메뉴에 있는 채소 요리를 전부 주문한다. 예를 들면 나물, 샐러드, 바냐카우다(뜨거운 소스에 야채를 찍어먹는 요리), 채소 조림 등이다. 드레싱은 따로 달라고 해서 조금만 뿌리고 그 대신 소금을 쳐서 먹는다. 고기를 먹을 때는 지방을 떼어낸다. 튀김도 옷을 벗기고 먹는다. 별 것 아닌 듯하지만 꾸준히 계속하면 성과를 실감할 수 있다.

처음부터 전부 하려고 하면 괴로워져서 오래 계속하지 못한다. 그러므로 처음에는 조금씩 시작할 것을 권한다. 나도 처음에는 앞의 목록에서 두세 가지부터 시작했다. 그리고 꾸준히 계속했더니 몸무게가 줄었다. 그러자 '이것밖에 안 했는데 이렇게 성과가 있다니!'라는 기쁜 마음에 다른 것도 좀 더 시도해보자고 생각하게 되었다. 그러는 사이에 점점 '티끌 다이어트'의 목록이 늘어났고, 그와 동시에 몸무게가 줄어 말 그대로 '티끌 모아 태산'이 되었다.

40대는 체력과 기력만 가지고 일할 수 있는 나이가 아니다. 그러니 건강관리를 의식하자. 이를 위해 먼저 '평생 다이어트를 하겠다'라고 결정할 것을 당신에게 권한다.

 다이어트를 하려면 일시적인 다이어트보다 평생 다이어트를 목표로 삼아라!

02
평생 할 수 있는 운동을 결정한다

부담 없이 계속할 수 있는 운동을 시작하라

운동이 좋다는 것은 누구나 아는 사실이다. 물론 나도 전부터 알고 있었다. 문제는 알면서도 20년 동안 전혀 운동을 하지 않았다는 것이다. 그러다 2년 전부터 책을 쓰고 강연을 하는 등의 창조적인 작업이 크게 늘어났는데, 체력이 충분하지 않으면 글도 안 써지고 강연 때도 목소리가 잘 나오지 않았다. 몸 상태가 완전하지 않으면 일을 제대로 할 수가 없었다. 건강을 지키는 것도 일을 위한 준비임을 깨달은 나는 다이어트와 함께 운동도 평생 계속하자고 결정했다.

평생 운동을 하겠다고 결정했으면 일시적이 아니라 평생 계속할 수 있는 운동을 하는 것이 중요하다. 그래서 나는 러닝을 선택했다. 러닝은 매우 손쉽게 할 수 있다. 운동화와 운동복만 준비하면 되므로 돈이 들지 않는다. 게다가 어디에서나 할 수 있다. 나는 출장을 갈 때도 운동화와 운동복을 가지고 가서 러닝을 했다. 시도해봤지만 오래 계속하지 못한 운동도 있는데, 수영과 헬스클럽 다니기다. 수영을 하려면 수영장에 가야 한다. 그리고 왕복하는 데 시간이 걸린다. 그러다보니 가기가 귀찮아졌다. 여기에 실내에서 몸을 움직이기보다 밖에서 몸을 움직이는 편이 성격에 맞는다는 사실도 알게 되어서, 결국 헬스클럽과 수영장은 그만 다니게 되었다.

내 경우는 이랬지만 사람에게는 저마다 적성에 맞는 운동이 있다. 워킹일 수도 있고, 수영일 수도 있으며, 헬스클럽에서 근력 운동을 하는 것이 적성에 맞을 수도 있다. 남성이라면 매주 주말마다 서핑을 하는 사람도 있다. 여성 중에는 요가나 필라테스를 하는 사람도 많다. 계속해서 재미있게 할 수 있는 운동이라면 무엇이든 상관없다. 이때 중요한 점은 가급적 매일 하는 것이다. 매일이 무리라면 일주일에 2, 3회라도 계속한다. 축구나 야구 등도 괜찮은데, 이 경우는 정기적으로 할 수 있도록 동료를 모아야 한다.

좋아하면서 계속할 수 있는 운동을 골라서 평생 계속한다. 운동을 하면 일을 하는 데 도움이 되는 동시에 스트레스도 풀 수 있다. 또 스트레스를 풀면 일의 성과도 높아진다.

운동 친구를 만들고, 성과를 측정하라

평생 계속하기로 결정했어도 '오늘은 어째 의욕이 나지 않아. 몸 상태가 별로야' 같은 생각이 드는 날이 있기 마련인데, 그래도 중단하지 말고 계속하기 바란다. 운동을 계속하기 위한 가장 좋은 방법은 친구를 만드는 것이다. 나는 일주일에 한 번 친구와 아오야마를 달린다. 또 비정기적으로 친구와 황궁 주위나 집 근처를 달린다. 친구와 잡담을 나누면서 달리면 참으로 즐겁다.

또 나는 매일 러닝을 하면서 사진을 찍어 페이스북에 올린다. 그러면 친구들이 "오늘도 달리셨군요. 열심히 하시네요"라는 식의 댓글을 단다. 친구들의 응원과 격려 메시지를 보면 기분이 좋아져서 계속 달려야겠다는 생각이 든다. 이런 식으로 페이스북이나 트위터 등을 이용하는 것도 운동을 계속하는 데 효과적이다.

또한 정기적으로 성과를 측정하는 것도 추천하는 방법이다. 다이어트를 할 때 몸무게를 재는 것과 마찬가지로 러닝의 경우는 주행 거리나 시간을 잰다. 오늘은 7킬로미터를 달렸다든가 최근 한 달 동안 130킬로미터를 달렸다는 등의 단순한 측정만으로도 재미가 있다. 그리고 오늘은 7킬로미터밖에 달리지 못했으니 내일은 8킬로미터를 달리자든가, 5킬로미터로는 부족하니 1킬로미터를 더 달리자라는 식으로 생각하게 된다.

나는 아이폰의 'Runkeeper'라는 앱을 사용하고 있다. 시작 단추를 누르면 GPS가 작동해서 지금 몇 킬로미터를 달렸는지, 시속 몇 킬로미터로 달리는지를 실시간으로 알 수 있다. 또 정지 단추를 누른 순간 자동으로 페이스북에 업로드된다. 그러면 기록이 남으며 공개되기 때문에 '좋았어. 계속 달리자'라고 즐겁게 생각하게 된다.

다른 운동으로는 상체를 단련하기 위해 매일 팔굽혀펴기와 윗몸일으키기를 50회씩 하고 있다. 또 날씨가 나쁘지 않으면 5~10킬로미터 정도의 외출에는 자전거를 이용한다. 지하철이나 버스를 탈 때와 달리 기다리지 않아도 되고 사람들 틈에서 시달릴 필요 없이 상쾌한 기분으로 이동할 수 있으며, 운동까지 되니 일석이조다. 이런 식으로 일상생활 속에 자연스럽게 운동을 시도하는 것도 하나의 방법이다.

내가 이런 이야기를 하면 사람들은 "매일 러닝을 하고, 근력 운동을 하고, 자전거를 타고……. 난 그렇게는 도저히 못해. 보통 사람은 무리야"라고 말할 것이다. 그러나 나도 처음부터 이런 운동을 전부 한 것은 아니다. 다이어트와 마찬가지로 한 가지를 했더니 성과가 나와서 즐거운 마음에 다른 것에 도전한 결과이다.

운동도 '티끌 모아 태산' 작전을 추천한다. 재미있게 계속할 수 있는 운동을 하나 찾아서 그것을 가늘고 길게 하다 보면 언젠가 '태산'이 된다. 그러면 앞으로 맞이할 40대라는 책임이 막중한 시기를 헤쳐나갈 준비가 갖춰질 것이다. 이를 위해서는 먼저 '일시적 이벤트'가 아니라 '평생 운동을 계속한다'고 결정하는 것이 중요하다.

 **꾸준히 할 수 있는 운동부터 시작하라.**

03

질 좋은 수면 습관을 기른다

바쁠 때일수록 수면 시간을 사수하라

지금 건강관리에 관해 이야기하고 있는데, 식사와 운동에 이어 마지막은 '수면'이다. 나는 옛날부터 비교적 수면 시간에 집착해왔다. 잠을 충분히 자지 않으면 업무의 질이 확연히 떨어지기 때문이다. 원고를 쓸 수도 없고, 강연에서도 이야기가 술술 나오지 않는다. 수면 시간을 줄이면 몸 상태가 나빠져 결국 일을 할 수 없게 된다. 이런 사실을 30대에 깨달은 뒤로 나는 어떻게 해야 수면 시간을 충분히 확보하고 수면의 질을 높일 수 있을지 고민하게 되었다. 여기에 2년 전쯤부터 갑자기 바빠졌을 뿐만 아니라 체력 저하까지 느끼기 시작하면서 더욱 수면관리에 힘을 쏟고 있다.

수면을 질을 높이기 위한 하나의 방법으로, 나는 수면 시간을 6시간으로 결정했다. 밤 11시에 잠을 자고 아침 5시에 일어난다. 5시간도 7시간도 아닌 6시간인 이유는 사실 단순하다. 사람은 잠을 자는 도중에 깊은 수면 상태인 논렘수면과 얕은 수면 상태인 렘수면을 교대로 반복한다. 그 시간은 각각 1시간 30분 정도이므로 3시간이 한 세트다. 그래서 나는 수면 시간을 이 세트에 맞추자고 생각했다. 그러려면 필연적으로 수면 시간이 3시간이나 6시간, 아니면 9시간이 되어야 하는데, 가능하면 9시간을 자고 싶지만 그것은 무리이므로 6시간으로 정한 것이다.

물론 항상 11시에 잘 수 있는 것은 아니다. 집에 돌아오면 종종 새벽 1시일 때도 있다. 그럴 때는 '내일 계획이 엉망이 되더라도 6시간을 잘 것인가, 아니면 4시간만 자고 일어날 것인가?'를 생각한다. 그러나 대개는 계획을 뒤로 미루고 수면을 취하는 쪽을 선택한다. 수면은 그만큼 중요하다. 계속해서 무리를 하다가 몸 상태가 망가져서 일을 취소하는 사태를 초래할 바에는 6시간 수면 원칙을 지킨다. 바쁠 때일수록 이렇게 결정해 자신을 몸을 지켜야 한다.

그렇다고 당신에게 6시간 수면을 권장하지는 않는다. 수면 시간은 사람마다 다르다. 8시간은 자야 한다는 사람도 있고, 5시간이면 충분하다는 사람도 있을 것이다. 그러므로 먼저 자신에게 맞는 수면 시간을 발견하자. 부디 무리는 하지 말기 바란다. 그리고 몇 시간을 자기로 결정했으면 그 수면 시간을 사수해야 한다.

골든타임에 수면을 취해 노화를 방지하라

알고 있는 사람도 많겠지만, 수면에는 '골든타임'이라고 부르는 시간대가 있다. 밤 10시부터 새벽 2시까지의 4시간이다. 이 4시간은 성장 호르몬이 가장 왕성하게 분비되는 시간대로, 이때 수면을 취하는 것과 다른 시간대에 수면을 취하는 것은 그 질이 크게 다르다고 한다.

현재 나는 밤 10시 반이면 침대에 눕고 11시에는 잠이 든다. 즉 골든타임에 수면을 취하는데, 그 덕분에 피부가 매끈해졌다. 이것은 농담이 아니라 진짜다. 2년 전 나는 목덜미에 길쭉한 사마귀가 100개 정도 있었다. 걱정이 돼서 병원에 갔더니 의사가 "가령성 사마귀네요"라고 말했다. 나는 40대 초반에 이미 노인의 몸이 되어 있었던 것이다. '다시 젊어질 수는 없을까?' 나는 고민했다.

또 최근에 미용실에 갔을 때는 "오구라 씨, 머리숱이 늘어났네요?"라는 말을 들었다. 나는 원래 머리숱이 많은 편이지만, 그렇다고 이제 와서 머리숱이 더 늘어날 리는 없었다. 그렇게 말했더니 미용사는 "아, 알았다. 머리숱이 늘어난 게 아니라 흰머리가 검은머리로 바뀐 거네요"라는 것이었다. 아무래도 흰머리가 검은머리로 돌아온 모양이다. 내 몸이 다시 젊어지고 있다는 증거가 아닐까 싶다. 물론 1년 전부터 평생 다이어트와 평생 운동도 시작했으니 수면만의 성과는 아닐 것이다. 그러나 수면도 노화 방지에 중요한 역할을 하는 것으로 생각된다.

쾌적한 수면을 위해 침구에 투자하라

나는 수면의 질을 높이기 위해 매트리스와 베개에 투자했다. 먼저 베개의 경우, 나는 현재 저반발 베개인 템퍼를 사용하고 있다. 템퍼는 다른 저반발 베개에 비해 가격이 많이 비싸다. 그러나 그만큼 내 목을 확실히 지탱해준다. 또 매트리스의 경우는 값싸고 얇은 우레탄 매트리스를 쓰다가 매트리스 하나에 스프링이 300개 정도 들어 있는 두꺼운 포켓스프링 매트리스로 바꿨다. 이것도 우레탄 매트리스보다 훨씬 비싸지만, 매트리스를 바꾼 뒤로 수면의 질이 극적으로 바뀌었다. 같은 시간을 자도 '잘 잤다!'라는 기분 좋은 감각이 느껴진다. 틀림없이 깊게 잠을 잔 덕분이라고 생각한다.

기력과 체력으로 극복하던 30대와 달리 40대는 사소한 것 하나도 몸 상태에 영향을 주는 시기다. 그러므로 수면에 직접 영향을 주는 매트리스 등의 침구에 적극적으로 투자하자. 10만 엔까지는 아니어도 하다못해 5만 엔 정도는 매트리스와 베개에 투자하자. 반드시 일의 성과로 연결되어 본전 이상을 뽑아낼 수 있을 것이다.

 바쁠 때일수록 '수면'에 신경 써라.

04
자신만의 스트레스 해소법을 찾는다

스트레스를 조절할 줄 아는 리더가 되라

　리더나 경영자에 가까운 존재가 되는 40대에는 스스로 스트레스를 조절하는 것이 매우 중요하다. 부하직원의 의욕을 높이려면 상사의 관심과 배려가 필요한데, 관심과 배려는 마음의 여유가 없으면 나오지 않는다. 또 마음에 여유가 없으면 잘못된 의사결정을 하기 쉽다. 그렇기 때문에 스트레스를 조절하지 않으면 부하직원이나 팀에 누를 끼친다.

　"우리 상사는 항상 저기압이어서 짜증만 내"라든가 "걸핏하면 화를 낸단 말이지." 같은 말을 자주 듣는다. 아마 예전에는 내 부하직원들도 그런 말을 했을 것이다. 나도 옛날에는 나의 스트레스를 조절하지 못했다. 고객에게 클레임이 들어오면 과잉반응해서 필요 이상으로 상품이나 사람을 교체했다. 감정이 격해져서 "지금 뭘 하는 거야!"라며 부하직원에게 분노를 터뜨렸다. 나 자신을 지키려고 보수적으로 판단했다. 스트레스가 가득 차면 판단 기준이 흐트러져 행동이 달라졌다.

40대는 리더가 되거나 부하직원을 두는 등 점점 스트레스를 많이 받는 입장이 된다. 그렇기에 더더욱 자신을 위해서나 부하직원과 팀을 위해서나 스트레스 조절이 필수가 된다.

자신만의 스트레스 해소법을 찾아라

그렇다면 어떻게 스트레스를 조절해야 할까? 스트레스 해소 방법은 사람마다 다르겠지만, 효과적인 방법 중 하나로 운동이 있다. 또 취미를 갖는 것도 좋은 방법이다. 요리나 예술처럼 우뇌를 사용하는 창조적인 취미는 특히 좌뇌를 사용하는 업무로 쌓인 스트레스를 해소해준다고 한다.

그리고 나는 사람들을 만나는 방법도 추천한다. '이 사람과 만나면 기운이 나', '이 사람 멋진걸?', '이런 사람이 되고 싶어'라는 생각이 드는 사람을 만나는 것이다. 그러면 마음이 재충전되고 '좋았어, 나도 노력하자!'라는 마음으로 바뀐다. 이것도 하나의 스트레스 조절 방법이다.

스트레스 조절에는 애퍼메이션(Affirmation)이나 리프레이밍(Reframing)도 효과적이다. 애퍼메이션은 자신에게 암시를 거는 것이다. 자신에게 긍정적인 말을 한다. 예를 들면 "나라면 할 수 있어! 나는 지금 에너지가 가득 차 있어"라고 자신에게 암시의 말을 함으로써 마음을 긍정적인 방향으로 이끈다.

그리고 스트레스 조절에 커다란 효과가 있는 방법을 하나 더 소개하자면, 바로 '리프레이밍'이다. 프레임을 다시 만든다, 즉 사물을 파악하는 틀을 바꾸는 방법이다. 가령 상사에게 질책을 당했다고 가정하자. '아 괴롭네. 정말 싫어. 허구한 날 질책만 받으니 못살겠어'라고 생각하면 스트레스가 발생한다. 그러지 말고 '질책을 받는 것은 나쁜 일이 아니야. 나를 사랑하니까 질책하는 거야. 질책을 받지 않는 편이 더 큰일이야. 질책을 받는 것이 오히려 기회가 아닐까?'라고 생각의 프레임을 바꾸는 것이 리프레이밍이다. 사물을 한 가지 관점에서만 바라보면 질책을 받았을 때 기분이 좋을 사람이 없으므로 이는 스트레스가 된다. 그러나 '질책을 받는 게 당연하지. 오히려 잘됐어'라고 리프레이밍할 수 있게 되면 스트레스가 되지 않는다. 스스로 행하는 일종의 마인드컨트롤인데, 이런 식으로 스트레스를 조절하는 것도 매우 효과적이다.

스트레스는 반드시 그때그때 푼다

앞에서 스트레스 조절을 하지 않으면 부하직원이나 팀에 누를 끼친다고 말했는데, 그뿐만이 아니다. 누구나 알고 있듯이 스트레스는 인생 전반에 영향을 끼친다. 스트레스가 가득하면 스트레스를 푼다며 마구 먹어서 다이어트에 실패할 수도 있다. 수면의 질도 나빠진다. 이렇게 되면 몸 상태를 엉망으로 만들어 병을 유발한다. 이렇듯 스트레스는 만병의 근원이므로 조절이 매우 중요하다.

흔히 사람들은 "과로하면 몸에 안 좋아"라고 말한다. 그러나 나는 업무 시간의 절대적인 길이나 업무량이 문제라고는 생각하지 않는다. 그보다는 스트레스가 있느냐 없느냐가 더 중요하다. 건전한 압력을 받으며 즐겁고 활기차게 일할 수 있다면 장시간을 일해도 몸은 망가지지 않는다. 반대로 '하기 싫어. 힘들어. 왜 내가 해야 하지?'라고 생각하면 스트레스가 몸과 마음을 갉아먹는다. 그러니 부디 스트레스 조절을 우습게 생각하지 말기 바란다.

운동, 취미 생활, 사람들과의 만남, 애퍼메이션, 리프레이밍, 이런 방법을 사용해보면서 자신에게 가장 좋은 스트레스 조절 방법을 발견하기 바란다. 그리고 귀찮게 생각하거나 뒤로 미루지 말고 스트레스는 그때그때 풀고 넘어가자. 이것이 무엇보다 중요하다.

자신만의 스트레스 조절법을 정해두고, 그때그때 풀자.

05

마음의 여유를 되찾는 시간을 갖는다

자연과 접하면 사람은 겸허해진다

스트레스 조절에서 한 발 더 나아가 가능하면 스트레스를 쌓지 않는, 스트레스가 쌓이지 않는 마음을 만드는 방법도 추천한다. 그러려면 마음에 영양분을 줘서 풍요롭게 만들어야 하는데, 이를 위한 방법으로는 크게 세 가지가 있다. 바로 자연과 접하는 방법, 예술을 접하는 방법, 독서 혹은 인생 공부를 하는 방법이다.

텔레비전 드라마를 보면 바다를 향해 "이 바보야!"라고 외치는 장면이 나온다. 그리고 "바다에 비하면 나는 얼마나 작은 존재인가"라는 진부한 대사를 읊는다. 지극히 상투적인 장면이지만 틀린 말은 아니다. 인간은 자연과 접하는 순간, 자신이 작은 존재임을 깨닫는다. 그리고 조금은 괴로움에서 해방된다.

불교의 관점에서 말하면 인간 고뇌의 가장 큰 원인은 욕심이다. 괴로운 일이 있으니까 괴로운 것이 아니라 욕심이 있기에 괴로운 것이다. 욕심이란 '무엇인가를 이루고 싶다, 손에 넣고 싶다. 싫은 것을 멀리하고 싶다' 같은 바람이다. 그리고 그 욕심은 대부분 이루어지지 않는다. 그래서 괴로워한다. 부자가 되면 괴로움에서 해방될까? 그렇지 않다. 원하는 것을 손에 넣으면 더 큰 것을 갖고 싶어진다. 연봉 1,000만 엔을 이루면 다음에는 연봉 2,000만 엔을 원하게 된다. 그것이 인간 번뇌의 무서움이다.

그렇다면 애초에 사람은 왜 욕심을 가질까? 그것은 자신의 인생을 스스로 통제할 수 있다고 생각하기 때문이다. 그러나 아무리 노력해도 세상에는 '연(緣)'이라는 거대한 자연의 힘이 있다. 연은 통제할 수 없다. 가령 우리는 태어나고 싶어서 태어나지 않았다. 지금 만나고 있는 연인과의 만남 또한 인연이다. 이 세상의 모든 것은 연에 따라 관계지어진다. 인간의 힘으로는 어찌할 수 없는 거대한 힘이 실제로 작용하고 있다.

나는 그 힘이 유형으로 나타난 것이 '자연'이라고 생각한다. 그래서 사람은 자연의 거대함을 접하면 무의식중에 자신의 무력함을 깨닫는 것이 아닐까? 그리고 겸허해져 욕심을 조금은 내려놓을 수 있게 되며, 그 결과 마음이 편해진다. 스트레스가 쌓일 때마다 자연이 생각나고 자연과 접하면 마음이 치유되는 나는 그 이유를 이런 식으로 추측한다.

예술을 접하고 감동의 눈물을 흘린다

예술을 접하는 방법의 좋은 점은 감동할 수 있다는 것이다. 나는 라쿠고(화자가 앉아서 청중들에게 이야기를 재미있게 들려주는 일본의 전통 예능—옮긴이)를 좋아해서 특히 야나기야 고산지와 다테카와 시노스케의 라쿠고를 자주 듣는다. 그리고 라쿠고를 들으면서 눈물을 흘린다. 감동적인 이야기여서 눈물을 흘린다기보다는 라쿠고가의 '마음'에 감동해 눈물을 흘린다. '이런 부분까지 신경을 쓴단 말인가? 이렇게까지 필사적으로 연기를 하다니!' 라쿠고가의 열정과 강한 마음 같은 것이 보여서 마치 대자연을 접하거나 훌륭한 그림을 봤을 때와 같은 감각에 빠져든다.

자연의 위대함이 나의 작은 고민을 진부하게 만들어주듯이, 일류 예술가의 위대한 예술은 나의 고민을 작게 만들어준다. 나는 40대가 된 뒤로 예전보다 훨씬 눈물이 많아졌다. 일류인 사람의 필사적인 모습을 보면 눈물이 난다. 이것은 라쿠고뿐만 아니라 스포츠나 음악도 마찬가지다.

마음을 풍요롭게 만든다는 것은 감동하는 것이 아닐까? 감동하면 마사지를 받으면 근육이 풀리듯이 마음의 긴장이 풀린다. 딱딱해졌던 혈관이 부드러워져 산소와 영양분을 힘차게 공급하기 시작하는 것처럼 느껴진다. 그리고 문득 정신을 차려보면 스트레스로부터 해방되어 있음을 느낀다. 예술을 접함으로써 감동을 받고, 스트레스에서 해방되는 것이다.

인생을 공부해 마음을 풍요롭게 만든다

얼마 전에 클라이언트와 중요한 미팅이 있어서 시즈오카로 출장을 가려고 신칸센을 탔다. '오케이. 역에 내려서 택시로 이동하면 15분 전에 여유롭게 도착하겠군.' 신칸센 안에서 나는 이렇게 생각하며 마음 놓고 원고를 썼다. 그러나 도쿄역을 출발한 열차가 신요코하마 부근에서 갑자기 멈춰섰다. 그리고 5분, 10분이 지나갔다. '어라? 왜 이렇게 오래 서 있지?' 이렇게 생각한 순간 "앞 차량에서 인사 사고가 발생했습니다"라는 방송이 나왔고, 열차는 거의 2시간 뒤에야 출발했다. 자, 당신이라면 이 상황에서 어떤 생각을 하겠는가? 옛날의 나라면 틀림없이 조바심을 냈을 것이다. 역무원을 붙잡고 "도대체 복구하는 데 얼마나 시간이 걸리는 거요? 30분이요? 1시간이요? 잘못하면 중요한 미팅에 늦을지도 모른단 말이오! 확실히 말해주시오!"라고 몰아붙였을지도 모른다. 그러나 나는 인간학을 공부한 덕분에 달라져 있었다.

그때 내가 제일 먼저 한 행동은 '마음속으로 손을 모아 무사를 기원하는 것'이었다.

나는 이 가르침을 스기야마 간카이 씨에게 배웠다. 메이지 시대에는 학교에서 '수신(修身)'이라는 도덕 수업이 있었다. 이와 같이 옛날 사람들은 당연하게 삶의 자세를 공부했다. 스기야마 씨는 "우리 아버지는 중학교까지만 다닌 못 배운 분이야. 하지만 대학을 나온 우리보다 훨씬 많은 것을 학교에서 배우셨지"라고 말씀하셨다. 이와 관련된 일화 중 하나로 응급차 이야기가 있다.

스기야마 씨가 학생이었을 때 있었던 일이다. 어느 날 응급차가 눈앞을 지나갔다. 이것을 본 스기야마 씨는 친구와 "교통사고인가? 아니면 누가 병으로 쓰러졌나?"라며 신 나게 이야기를 나누고 있었는데, 갑자기 아버지가 "이 한심한 녀석!"이라며 화를 내셨다. 그리고 "눈앞에 응급차가 지나갔다는 말은 반드시 슬퍼할 사람이나 아픈 사람이 있다는 말이야. '아픈 사람이 목숨을 구할 수 있기를. 가족의 마음이 편안해지기를'이라고 마음속으로 손을 모아 기도하는 것이 인간의 도리가 아니냐! 그런데 내 일이 아니라고 재미있어 하다니 도대체 생각이 있는 거냐!"라고 호통을 치셨다고 한다.

이 이야기를 듣고 나는 큰 충격을 받았다. 나도 그때까지 그런 생각은 한 번도 해본 적이 없었기 때문이다. 그리고 '지금까지 나는 생각이 부족했구나. 앞으로는 나도 마음속으로 손을 모아 무사를 기원하는 사람이 되겠어'라고 생각했다. 그래서 지금은 인사 사고나 응급차, 소방차를 보면 먼저 마음속으로 손을 모아 무사를 기원한다.

나는 책을 읽거나 세미나에 참석하거나 전기를 읽으며 조금씩 인생을 공부하고 있다. 인생을 공부하기 시작한 뒤로 확실히 마음이 풍요로워졌고 인생도 달라졌다.

40대에는 인생 공부를 해서 마음을 풍요롭게 만들기 바란다. 물론 이것은 쉬운 일이 아니다. 물론 오늘 책을 읽었다고 당장 내일부터 변하지는 않는다. 그러나 언제까지 두더지 잡기를 하듯이 스트레스를 상대해서는 근본적인 해결이 되지 않는다. 삶의 자세를 리프레이밍하자. 나는 이것이야말로 스트레스를 없애는 근본적인 방법이라고 생각한다.

 **마음의 여유와 풍요를 위해 인생을 공부하자.**

Chapter 7.
평생 계속할 취미를 결정한다

01
취미는 인생과 일에 영향을 준다

미뤄두었던 취미 생활을 다시 시작하자

예술, 운동, 자연. 나는 이 세 분야의 취미를 정하고, 그것을 인생을 마감할 때까지 계속하기로 결정했다. 예술의 경우는 동료와 밴드를 결성해 활동하고 있다. 운동의 경우는 지금까지 여러 번 이야기했지만 매일 아침 러닝을 하고 있다. 그리고 자연의 경우는 등산을 하기로 결정했다.

물론 이밖에도 좋아하는 것은 많다. 가령 라쿠고 또는 가부키를 보거나 라이브하우스에서 음악을 듣는 것을 좋아한다. 스키나 자전거, 게임도 좋아한다. 좋아하는 것은 많지만 그중에서 '죽을 때까지 계속하자'고 결정한 것은 밴드(기타 연주)와 러닝, 등산이다.

나는 학창시절부터 취미가 있는 사람은 멋지다, 그런 풍요로운 사람이 되고 싶다고 생각했다. 그래서 영화를 평론하는 멋진 남자가 되려고 극장에서 영화를 한 해에 100편이나 보기도 하고, 재즈에 박식한 남자가 되고 싶어서 재즈클럽에서 살다시피 했다. 사회인이 된 뒤에도 다양한 취미를 가지고 있었는데, 30대가 되어 갑자기 일이 바빠지자 전부 그만두고 말았다.

그러나 40대가 된 뒤로 취미를 갖는 것은 마음과 인간의 깊이와 폭으로 이어지며, 일에도 좋은 영향을 준다는 사실을 깨달았다. 앞에서도 말했지만 운동을 하거나 예술과 자연을 접하면 스트레스를 조절할 수 있다. 흔히 "일만 아는 사람이 되면 안 된다"라고 하는데, 이것을 피부로 느꼈다. 그래서 나는 미뤄두었던 취미 생활을 다시 시작했다. 그리고 앞으로는 일과성 이벤트에 그치지 않고 생을 마감할 때까지 계속하자고 결정했다.

30대와 40대는 일이 바빠서 있던 취미도 없어지기 마련이다. 그러나 취미 생활을 부록으로 취급하지 말고 인생의 중요한 요소로서 습관화하겠다고 결정하기 바란다. 취미 생활은 그만큼 중요하다.

80세에도 계속할 수 있는 취미를 가져라

경제 평론가인 오마에 겐이치 씨는 1년 365일 내내 아침에는 똑같은 음식을 먹는다고 한다. 연어살을 올려 차를 부은 밥이다. 이것은 손쉽게 만들 수 있고 질리는 일 없이 먹을 수 있으며, 또 무엇을 먹을까 고민하지 않아도 되기 때문이라고 한다. 오마에 씨는 몸을 관리하기 위해 요일을 정하여 일주일에 한 번은 반드시 마사지와 그루밍(피부 관리나 손톱 정리 등 미용관리를 지칭하는 말)을 받는다고 한다. 뿐만 아니라 오프로드바이크와 낚시, 스쿠버다이빙, 스노모빌, 클라리넷 연주 등 수많은 취미를 가지고 있다.

오마에 씨는 "정년까지 취미를 20개 이상 가지시오"라고 말한다. 그것도 아웃도어와 인도어를 절반씩, 혼자서 할 수 있는 취미와 친구들과 함께하는 취미를 절반씩 가지라고 제안한다. 이것은 완벽한 라이프타임 매니지먼트다. 매니지먼트라는 것은 사물을 단순화해 효율을 높이는 합리적인 발상이다. 아직 취미가 없는 사람은 오마에 씨와 마찬가지로 취미를 매니지먼트한다고 생각해보면 어떨까?

나는 먼저 축을 몇 가지 설정해볼 것을 권한다. 가령 나는 내게 중요하다고 직감적으로 느낀 예술과 운동, 자연을 축으로 그 축과 관련된 취미를 하나씩 생각했다. 그리고 그 세 가지 취미, 즉 밴드와 러닝, 등산을 진지하게 시작했더니 재미가 있었다. 현재의 나로서는 이 이상 시간을 쪼개기는 무리이므로 이 세 가지에만 시간을 투자하려 한다.

취미를 가질 때는 두 가지 관점이 중요하다. 첫 번째는 80세가 되어서도 계속할 수 있는 취미냐는 것이다. 정년 후에는 약 8만 시간이나 되는 자유 시간이 생긴다고 한다. 그렇다면 정년 후에도 즐길 수 있는 취미를 지금부터 찾는 것이 어떨까? 두 번째는 자신이 20대, 30대에 열심히 했던 취미를 부활시키는 것이다. 취미를 새롭게 개척하는 것도 좋지만 40대는 인생의 반환점이다. 40세까지는 적극적으로 도전하고 시도해야 하지만, 기본적으로 40세 이후는 과거에 개척했던 결과의 깊이를 더하는 시기이다. 인생은 그렇게 길지 않다. 낭비할 여유가 없다. 내가 소중히 여기는 세 가지 취미는 이 두 가지 축에 합치한다.

80세가 되어서도 계속할 수 있고 20대와 30대에 즐겼던 취미를 부활시켰다면 다음에는 그 취미를 가늘고 길게 계속하자. 나는 80세의 할아버지가 되었을 때 기타를 매고 술을 홀짝홀짝 마시면서 주위의 할아버지 할머니들과 노래하는 모습을 머릿속에 그린다. 또 등산을 가면 70대, 80대인 사람들이 즐겁게 산을 오르고 있는 모습을 볼 수 있고, 마라톤 대회에서 힘차게 달리는 80대, 90대와 만나기도 한다. 그런 사람들을 보면 '정말 멋지구나. 나도 저렇게 되고 싶어'라고 생각한다.

평생 계속할 수 있는 취미를 가지는 것! 어떤가? 멋지다고 생각하지 않는가?

 **결단** 80세에도 계속할 수 있는 취미를 가져라.

02
취미의 목표와 비전을 결정한다

되고 싶은 모습을 상상하면 목표와 비전이 보인다

취미를 부활시켰다면 최대한 즐기는 편이 좋다. 그래서 나는 취미에 대해서도 '목표'와 '비전'을 결정할 것을 권한다. 도달하고 싶은 비전을 그리고, 그 비전을 향한 중간 목표를 결정한다. 그리고 그 중간 목표들을 달성해나가는 사이에 커다란 비전에 도달하는 것이다.

내 경우, 밴드 활동(기타 연주)의 비전은 '그 자리에서 들은 노래를 악보 없이 애드리브로 자유롭게 연주할 수 있게 되는 것'이다. 80세를 넘긴 할아버지가 되었을 때, 동료 한 명이 록이나 블루스를 흥얼거리면 머릿속에 곧바로 코드(화음)가 떠올라 그 자리에서 반주를 한다. 여기에 자유자재로 기타 솔로를 할 수 있게 된다면 참 멋지겠구나, 즐겁겠구나 하고 생각한다. 애드리브로 자유롭게 기타를 연주할 수 있게 되려면 '스케일'이라고 부르는 음계의 설계도와 '릭'이라는 정해진 프레이즈, 나아가 '코드톤'이라고 하는 화음의 조합과 기초적인 음악 이론을 익혀야 한다. 이와 같이 비전을 생각하면 내가 해야 할 연습이 필연적으로 정해진다.

그래서 그 비전에 도달하기 위한 중간 목표로 동료와 1년에 두 차례 라이브 공연을 하기로 계획했다. 그 라이브 공연을 하나의 구간으로 삼아 스케일과 릭, 코드톤을 조합한 연주를 하나씩 외우려는 생각이다.

러닝의 경우는 1년에 두 번 정도 마라톤 대회에 나가려고 생각하고 있다. 그리고 언젠가는 해외에서 열리는 마라톤 대회에 매년 출전하는 것이 나의 비전이다. 나의 편집자 지인은 외국에서 열리는 마라톤 대회에 1년에 두 번씩은 참가하고 있다. 뉴욕 마라톤과 베를린 마라톤, 보스턴 마라톤 등 세계의 마라톤 대회에 참가하면서 가족과 해외여행을 한다. 그의 그런 모습이 참으로 멋지고 즐거워 보인다. 나는 아주 최근에 처음으로 국내 마라톤 대회에 참가했을 뿐이다. 그래서 성급하게 해외 마라톤 대회를 목표로 삼지 않고 먼저 1년에 두 번 국내 마라톤 대회의 풀코스에 도전한다는 단기 목표를 세웠다.

그리고 등산의 비전은 '일본 100명산을 정복하는 것'이다. 등산가인 후카다 규야 씨가 쓴 『일본 100명산(日本百名山)』에 나오는 산을 매달 하나씩 오른다. 그리고 할아버지가 되었을 무렵에 모두 달성한다는 비전을 머리에 그리고 있다.

내게 등산을 가르쳐준 선배 오다 씨는 이미 100명산 가운데 80개에 가까운 산을 정복했는데, 산을 오르다 보면 역시 100명산을 오르고 있는 할아버지, 할머니를 자주 만난다고 한다. 그러면 "이 산이 몇십 번째입니다. 다음에는 이 산을 오르려 합니다"라는 대화를 나누며 산을 오른다고 한다. 참으로 멋진 모습이 아닌가?

나는 이제 막 등산을 시작했다. 그래서 먼저 가까운 목표로 한 달에 한 번은 어느 산이든 오르기로 했다. 그리고 등산철인 5월부터 8월에는 가급적 매주 등산을 해서 어떤 산에라도 오를 수 있는 힘과 기술을 익히고 싶다. 그래서 마침내 100명산을 전부 정복한다는 비전을 달성하고 싶다.

취미의 목표와 비전. 내 경우는 취미를 통해 이렇게 되면 좋겠다, 멋지겠다는 모습을 상상했더니 자연스럽게 목표와 비전이 생겼다. 목표와 비전이 있는 취미와 없는 취미는 즐거움의 깊이가 완전히 다르다. 기왕 취미 생활을 시작했다면 목표와 비전을 결정해 즐겁게 오래 계속하기 바란다.

취미의 목표와 비전을 설정하라

취미의 목표와 비전을 결정하지 않으면 계속하기가 어려워진다고 생각한다. 일의 경우는 여기까지 꼭 해야 한다는 의무가 있다. 그러나 취미 생활은 의무가 아니다. 자유롭다. 그리고 그렇기 때문에 더 어렵다.

앞에서도 말했지만 나는 밴드 동료와 1년에 두 차례 라이브 공연을 하기로 결정했다. 이것은 단기적인 목표다. 그러나 전에는 구체적인 목표를 정하지 않았었고, 그 결과 밴드가 붕괴될 뻔했다.

작년 4월에 아카사카에서 첫 번째 라이브 공연을 했다. 그 라이브 공연을 위해 모두가 열심히 연습했고, 결과는 대성공이었다. 즐겁고 만족스럽게 끝이 나서 모두가 "다음에도 또 하자!"라고 입을 모았다. 그리고 라이브 공연 후에도 연습을 계속했는데, 모두가 곡을 결정해도 연습하고 오지 않는 멤버가 있었다. 연습도 왠지 늘어지는 느낌이었다. 스튜디오에 오기로 해놓고서는 당일에 취소하는 멤버가 생기는 등 점점 전원이 모이기가 어려워졌다. 다들 해이해졌구나 하는 생각이 들 무렵, 드러머가 "나 이제 그만할래"라고 말했다.

사람마다 취미를 대하는 태도가 다르다. 그러므로 "왜 안 오는 거야!"라고 화를 내거나 "당일에 취소하다니 너무한 거 아냐?"라고 말할 수는 없다. "즐기는 정도로 충분하잖아. 다른 일정이 생겨서

오늘은 갈 수가 없어"라고 하면 아무도 뭐라고 할 수가 없다. 목표가 없으면 결국 분열하고 만다. 그렇기 때문에 목표가 필요하다. 목표가 있으면 모두의 눈빛이 달라지고 임하는 자세가 달라진다. 그리고 결과적으로 즐거워진다.

댄스를 배운다면 발표회를 열고, 그림을 그린다면 전시회를 연다. 취미 생활을 지속적으로 즐기기 위해서는 그런 목표가 필요하며, 그 끝에는 자기 자신이 동경하는 모습, 즉 비전이 필요하다.
"왠지 의무가 되는 것 같아서 싫어"라고 말하지 말고 즐기기 위해 목표와 비전을 설정해보기 바란다. 그러면 즐거움의 깊이가 달라질 것이다.

 **자신의 미래를 상상하며 즐길 수 있는 목표와 비전을 설정하라.**

03

취미 생활을 습관화한다

취미 생활을 습관화하라

 취미의 목표와 비전을 결정했다면 실천해야 할 것이 한 가지 더 있다. 취미 생활을 '습관화·일정화'하는 것이다. 아무래도 취미 생활은 우선순위에서 일에 밀릴 수밖에 없다. '먼저 일을 우선하고 취미 생활은 시간이 날 때 하자'며 뒷전으로 미루기 쉽다. 그러나 그 '시간'은 결코 찾아오지 않고, 어느덧 취미와 멀어진다. 의무가 아닌 취미일수록 적극적으로 일정에 포함시켜 습관화하기 바란다.

 예를 들어 '매주 금요일에는 반드시 극장에 간다', '매일 아침 6시부터 30분씩 워킹을 한다', '매달 둘째 주 토요일에는 라이브하우스에 간다'와 같이 구체적으로 결정하고 일정을 짠다. 내 경우 반드시 한 달에 두세 번 스튜디오에서 밴드 연습을 한다. 또 매일 아침

40분씩 러닝을 하며, 한 달에 한 번은 등산을 하기로 결정했다. 이런 식으로 습관화하면 즐거운 것은 물론이고, 실력이 발전하는 기쁨도 더해지며 점점 취미 생활에 충실해진다.

예전의 나는 취미 생활을 습관화하거나 일정화하지 않았다. 그리고 취미 생활을 뒤로 계속 미룬 결과 30대 무렵에는 거의 모든 취미와 멀어져 있었다. 지금 되돌아보면 참으로 시간을 아깝게 보냈다는 생각이 든다. 그리고 40대에 들어서며 풍요로운 인생을 살자고 결정했을 때, 취미 생활이야말로 습관화하지 않으면 계속하지 못한다는 사실을 깨달았다.

취미 생활의 목적은 '그만두지 않는 것'이 아니다. 그러나 습관화하지 않으면 즐거운 일도 즐겁지 않게 되어간다. 바쁜 30대, 40대일수록 취미 생활을 의도적으로 습관화할 것을 강하게 권한다.

등 떠밀어줄 사람을 곁에 두자

앞에서도 말했지만, 밴드 취미(기타 연주)에 대한 나의 비전은 그 자리에서 들은 노래를 악보 없이 애드리브로 자유롭게 연주할 수 있게 되는 것이다. 그래서 나는 일주일에 한 번 기타 수업을 받고 있다. 러닝의 경우는 아직 한 번뿐이지만 기초적인 주법과 자세를 교육받았다. 또 관련 책도 몇 권 읽었다. 등산을 할 때는 등산 스승과 함께 가서 노하우를 전수받고 있다. 이런 식으로 연습을 하거나 스승을 둬서 기초를 확립하면 기술을 효율적으로 익힐 수 있어 즐거움이 몇 배로 커진다.

그런데 사실 수업의 효능은 이것뿐만이 아니다. 내 등을 떠밀어 줄 사람을 둘 수 있다는 이점도 있다. 아니, 오히려 이쪽이 더 큰 이점인지도 모른다. 수업 등의 기회를 만들면 하기 싫어도 반강제로 전진할 수밖에 없게 된다.

한 친구가 책을 쓰고 싶다며 내게 상담을 해왔다. 그래서 나는 책을 쓰려면 먼저 기획서가 필요하다고 말하고 기획서 쓰는 법을 조언해줬다. 그리고 반년 뒤에 그를 만났는데, "너무 바빠서 아직 기획서를 쓰지 못했어. 하지만 반드시 쓸 거야"라고 말했다. "그래? 힘내." 나는 이렇게 말하고 그와 헤어졌다. 그리고 다시 반년이 지났지만 그는 여전히 기획서를 쓰지 않았다. 말로만 책을 쓰고 싶다고 할 뿐 도무지 실천을 할 기미가 보이지 않았다. '책을 쓰고 싶으면 쓰면 될 것을······.' 이런 안타까움을 느끼던 어느 날, 그는 내게 "출판을 도와주는 출판 프로듀서에게 60만 엔을 주고 책을 내기로 했어"라고 말했다.

"뭐? 아깝게 60만 엔씩이나 준다고? 돈 같은 거 내지 않아도 네가 직접 할 수 있어. 내가 공짜로 가르쳐줬잖아." 이렇게 말하는 내게 그는 "나도 알아. 어쩌면 그 돈을 안 쓰고도 책을 쓸 수 있을 거야. 하지만 너도 알다시피 난 의지가 약해서 마감을 정하고 숙제를 만들어주며 등을 떠밀어줄 사람이 필요해. 그렇게 해준다면 60만 엔을 내도 아깝지 않아"라고 대답했다. 그 말을 듣고 나도 '그렇군. 만약 그렇게 해서 책을 낼 수만 있다면 돈을 쓸 가치는 충분히 있어'라고 생각했다.

생각해보면 나도 비슷한 처지다. 나는 일주일에 한 번 기타 수업을 받고 있는데, 솔직히 그 시간 말고는 기타를 연습할 시간을 전혀 내지 못하고 있다. 결국 일주일 동안 기타를 연주하는 시간은 수업을 받는 1시간뿐이다. 그러나 그 1시간 동안은 반드시 기타를 연습한다. 수업을 받지 않았다면 이미 한참 전에 기타를 그만뒀을지도 모른다.

다소 무리를 해서라도 취미 생활을 계속하다 보면 자기도 모르게 습관이 들면서 취미 생활이 일상이 되어간다. 수업을 받거나 스승에게 가르침을 청하는 것은 취미 생활을 지속하기 위한 하나의 효과적인 방법이라고 생각한다.

 결단 **취미 생활을 효과적으로 지속하려면 관련 수업을 받거나 스승을 두어라.**

04
커뮤니티로 인생을 풍요롭게 만든다

커뮤니티를 통해 친구의 폭을 넓힌다

앞장에서 나는 운동을 계속하기 위한 가장 좋은 방법은 친구를 만드는 것이라고 말했다. 이것은 취미 생활도 마찬가지다. 동료를 만들면 취미 생활을 계속할 수 있을 뿐만 아니라 멋진 인간관계를 쌓을 수도 있다. 취미가 같으면 공통된 이야깃거리가 있고 가치관도 비슷하므로 마음이 맞는 친구가 될 가능성이 크다. 그래서 나는 취미 커뮤니티에 적극적으로 참여할 것을 권한다.

그런데 이렇게 말하고 있는 나 역시 과거에 귀찮다는 이유로 커뮤니티를 기피했다. 예를 들어 러닝 커뮤니티는 달리기를 좋아하는 사람들로 북적이는데, 그 모습을 보고 '왜 다들 저렇게 몰려다닐까? 나는 이해를 못하겠어. 취미 생활이니까 다들 자유롭게 하고 싶은 대로 하면 되잖아?'라고 생각했다. 다만 이것은 표면적인 이유일 뿐이고, 솔직히 말하면 서로 친한 기존 멤버들 속에 이방인으로 끼어들기가 싫었다. 위에서 내려다보는 시선으로 신입 취급받는 것은 사양하고 싶었다.

그러나 지금은 창피하게 생각하지 않고 "신입입니다. 잘 부탁합니다!"라며 오히려 적극적으로 참여한다. 그런 커뮤니티를 소중히 여기기로 마음을 고쳐먹었기 때문이다. 나이가 들어 정년퇴직을 했을 때 친구나 동료가 없어서 집에만 틀어박혀 있으면 굉장히 외로울 것이다. 가능하면 친구들이 쉴 새 없이 불러내서 정신은 없지만 즐겁기만한 그런 상태이고 싶다. 그리고 이를 위해서는 커뮤니티에 참가해 친구의 폭을 넓히는 것이 매우 중요함을 깨달았다.

동료와 함께하면 세계가 넓어진다

베스트셀러 작가이자 나의 술친구이기도 한 이시다 준 씨는 올해 4월에 사하라사막 마라톤 대회에 참가했다. 음식과 장비를 넣은 12킬로그램짜리 배낭을 메고 찌는 듯한 무더위 속에서 250미터나 달리는 가혹한 마라톤이다. 쉽게 말해 7일 연속으로 마라톤을 계속해야 하며, 후반에는 밤에도 쉬지 않고 100킬로미터에 가까운 거리를 달려야 하는 엄청난 대회다.

이시다 씨는 내게 "저와 같이 참가하시죠?"라고 권유했다. 그래서 "전 도저히 무리입니다"라고 사양하자 "그러면 남극 마라톤은 어떻습니까? 그건 42킬로미터밖에 안 됩니다"라고 다시 권유했다. 세계에서 가장 가혹하다는 사하라사막 마라톤에 비하면 남극 마라톤은 어떻게든 가능하지 않을까? 아무런 근거도 없는 생각이지만 가볼까 하는 흥미가 생겼다. 권유를 받으면 일단 조금이라도 해본다는 것이 나의 인생 콘셉트다.

취미 생활은 동료와 함께하면 즐거움도 커지고 세계가 점점 넓어진다. "우정은 기쁨을 두 배로, 슬픔을 절반으로 만들어준다"라는 말이 있다. 일과는 거리가 먼 취미 생활 속의 인간관계가 결국 자신의 재산이 되어갈 것임에 틀림없다.

소셜네트워크를 활용한다

그렇다면 취미 커뮤니티를 어떻게 찾아야 할까? 페이스북이나 트위터 같은 소셜네트워크를 이용하는 것도 그 방법 중 하나다. 소셜네트워크에는 이미 수많은 취미 커뮤니티가 있기 때문에 쉽게 참여할 수 있고, 또 자신이 직접 커뮤니티를 만들 수도 있다.

나는 러닝의 경우 '아오야마 러닝 PLATFORM(플랫폼)'과 '오구라 히로시 메일매거진 독자 모임' 그리고 '리쿠르트의 후배와 황궁을 달리는 클럽'에 참여하고 있다. '오구라 히로시 메일매거진 독자 모임', 통칭 'OHD'에는 러닝 이외에도 다양한 커뮤니티가 있다. 테

니스부, 스키부, 등산부, 러닝부, 골프부, 미식(美食)부, 합창부(노래방부) 등……. 나는 이 가운데 러닝부와 스키부, 등산부, 미식부 활동을 하고 있다. OHD는 내가 개최하는 메일매거진 독자 모임에 참가한 사람들이 단발성 만남으로 끝내기는 아깝다며 시작한 커뮤니티다. 처음에는 여기저기서 술 모임이 자연발생적으로 벌어지다가 어느 새 스키부와 러닝부 등이 만들어졌다. 최근에는 이런 부 활동이 활발해져 학교처럼 문화제를 열자는 이야기도 나왔다. 이것을 보며 나는 '이런 식으로 커뮤니티가 확대되어가는구나. 정말 대단해'라고 내심 감탄했다. 그리고 마음이 맞는 동료들과 시간을 보내는 즐거움을 40세를 넘긴 지금까지도 넘치도록 만끽하고 있다.

"일이 바빠서 취미 생활 같은 걸 할 때가 아니야……." 나는 30대였을 때 이렇게 말하며 죽어라 일만 했다. 그러나 40대 후반에 들어선 지금은 30대 때보다 일적으로도 더 바쁜데도 불구하고, 즐겁게 취미 생활과 커뮤니티 활동을 하고 있다. 당신도 "바빠서……"라는 핑계만 대지 말고 커뮤니티에 적극적으로 참여해보기 바란다. 장담컨대 인생이 바뀔 것이다.

 **풍요로운 인생을 위해 적극적으로 커뮤니티에 참여하라.**

05
동네에 단골 가게를 만든다

먹고 마시고 떠드는 취미를 가진다

내 취미 생활 중 하나는 해외여행이다. 유럽은 많이 안 가봤지만, 그래도 스페인과 포르투갈, 이탈리아, 덴마크는 가봤다. 그곳에서 나는 역사 깊은 거리를 구경하며 카페와 레스토랑에서 식사를 하는 등 관광을 즐기다가 문득 한 가지 사실을 깨달았다. 유럽에서는 어느 나라를 가든 할아버지, 할머니가 카페에 모여 커피나 포도주를 마시며 몇 시간이고 대화를 즐긴다는 것이다. 텔레비전에서 중계하는 축구 경기 등을 보면서 저녁부터 밤까지, 어쩌면 새벽까지 저러고 있는 것이 아닐까 싶을 만큼 한참 동안 이야기를 나눈다. 그들은 근처에 살고 있어서, 그곳에 가면 언제나 볼 수 있는 친숙한 이웃일 것이다. 대화 내용은 축구 이야기일 때도 있고, 가족이나 애완동물 이야기일 때도 있고, 떠도는 소문 이야기일 때도 있다. 아마도 대화 내용은 매일 그렇게 다르지 않으리라. 그런 풍경을 보고 나는 '행복해 보이는구나. 부러워'라고 생각했다.

'아모레, 칸타레, 칸자레'는 이탈리아인을 이야기할 때 자주 등장하는 말이다. '사랑하고, 노래하고, 먹고'라는 의미인데, 그야말로 내가 유럽에서 자주 본 풍경을 그대로 표현한 말이다. 멋지게 차려입고 유명한 카페 또는 레스토랑에 가거나 퇴근길에 넥타이를 풀고 동료와 술을 마시러 가는 것도 좋다. 그러나 때로는 어깨의 힘을 빼고 평상복 차림으로 동네 가게를 찾아가자. 그곳에 가면 주인아저씨나 주인아주머니가 "어서 오게"라고 반길 것이다. 그리고 안면이 있는 사람들과 시끌벅적 대화를 나누고 술을 마시며 여유롭게 시간을 보낸다. 이 얼마나 멋진 모습인가?

취미에 목표와 비전을 만들고 습관화해 계속하는 것은 즐겁고 멋진 일이다. 그러나 한편으로 긴장을 풀고 동료와 신 나게 먹고 마시고 떠드는 삶을 즐기는 것도 가벼운 취미, 인생의 즐거움으로써 매우 중요하다고 생각한다.

부담 없이 갈 수 있는 가게의 조건

나는 15년 가까이 미나토 구의 아자부주방에서 살고 있다. 집에서 걸어서 갈 수 있는 거리에 위치한 음식점 밀집 거리에는 격식을 차리지 않고 부담 없이 갈 수 있는 가게가 대여섯 곳 있다. 그중 아담한 대중술집이 있는데, 손님은 평균 연령 60세 이상이며, 근처 상점가의 단골만이 찾아오는 옛 향수가 느껴지는 가게다. 메뉴는 간단한 가정요리와 닭꼬치뿐이지만 싸고 맛있어서인지 오후 5시에 문을 열 때부터 문을 닫을 때까지 자리가 비는 일이 거의 없다. 그야말로 동네 커뮤니티의 장소인 셈이다.

그 가게에서는 아저씨들이 맥주나 청주를 마시며 시간 가는 줄도 모르고 상점가의 소문 등을 화제로 이야기꽃을 피운다. "그 친구 말이야, 최근에 차를 사는 바람에 돈이 없는 것 같더라고"라든가, "○○네 딸내미가 와세다 대학에 합격했대" 같은 이야기를 나눈다. 그런 소소한 이야기를 들으면서 나는 편안함을 느낀다. '동네란 참 좋구나'라는 생각이 든다.

또 이런 일도 있었다. 어느 날 나는 친구와 그 술집에서 즐겁게 식사를 하고 있었는데, 친구가 "앗!"이라고 작게 중얼거렸다. 보아하니 담배가 떨어진 모양이었다. 친구가 피우는 담배는 보기 드문 상품이어서 파는 곳이 그리 많지 않았다. 어디를 가야 살 수 있을지 이야기를 나누는데, 카운터 옆에서 술을 마시던 한 아저씨가 "아마 저쪽에 있는 자동판매기에서 팔 거요"라고 가르쳐줬다. 또 다른 자리의 아저씨도 "어디어디에 있는 편의점에서도 팔았다오"라고 가르쳐줬다. 그러자 가게 전체가 점점 그 담배 이야기로 떠들썩해졌고, 이윽고 한 명이 "그럼 내가 사오지"라며 밖으로 나갔다. 주변 사정을 잘 알고 있는 아저씨들의 협력 체제, '다들 마음이 따뜻한 사람들이구나'라는 생각에 코끝이 찡해졌다.

내가 생각하는 부담 없는 가게의 조건은 이렇다. 단골의 비율이 높을 것, 지하철이나 버스를 갈아탈 필요 없이 금방 갈 수 있을 것, 물론 음식이 싸고 맛있으며 소박할 것 그리고 남성이라면 샌들과 트레이닝복 차림으로, 여성이라면 화장기 없는 맨얼굴로 갈 수 있을 만큼 편할 것.

제2의 내 집처럼 부담 없이 갈 수 있는 단골 가게를 동네에 만들어놓으면 인생의 즐거움이 더욱 깊어질 것이다. 칸타레, 칸자레. 일도 취미도 아닌 동네 주변의 커뮤니티 세계를 가지는 것도 인생을 풍요롭게 만드는 비결이라고 생각한다.

 **언제든 편한 마음으로 갈 수 있는 단골 가게를 만들어라.**

Chapter 8.
평생 계속할 습관을 결정한다

01
매일의 습관이 인생을 결정한다

습관을 쌓아나가면 인생이 달라진다

이 책 곳곳에서 나는 습관화의 중요성을 이야기했다. 이것은 내가 최근 5년 사이에 습관을 만든 뒤로 인생의 변화를 뼈저리게 실감했기 때문이다.

"처음에는 사람이 습관을 만들고, 그다음에는 습관이 사람을 만든다."

이것은 미국의 유명한 컨설턴트인 마크 매트슨이 한 말이다. 인생을 바꾸고 싶으면 습관을 만들라는 의미이다. 인생 자체는 매니지먼트하거나 통제할 수 없지만, 습관을 만들어 그것을 매니지먼트하면 인생을 바꿀 수 있다.

마크 매트슨은 이런 말도 했다.

"좋은 습관은 몸에 잘 배지 않지만, 일단 몸에 배면 삶이 편해진다. 나쁜 습관은 몸에 금방 배며, 일단 몸에 배면 삶이 힘들어진다. 만약 의식적으로 좋은 습관을 들이지 않으면 나쁜 습관을 무의식적으로 들이게 된다."

사람은 의도적으로 좋은 습관을 만들지 않으면 나쁜 습관에 물들기 쉬워진다. 그러면 인생은 나쁜 방향으로 흘러간다. 그렇게 되지 않으려면 어떻게 해야 할까? 좋은 습관을 들이는 수밖에 없다. 그래서 나는 아침 일찍 일어나 달리고, 타인을 소중히 여길 수 있는 방법을 궁리하고, 공부할 시간을 만들면서 일과 취미 모두에 최선을 다하고 있다. 이렇게 말하면 주위에서는 "그렇게 급하게 살지 않아도 되잖아? 좀 더 편하게 살자고"라고 말한다. 그러나 나는 전혀 무리하고 있지 않다. 오히려 그 하나하나를 즐기고 있다. 습관을 쌓아 나가면 인생이 달라짐을 알기 때문이다.

하고 싶은 일, 중요한 일을 습관으로 만든다

나는 '계속하고 싶다'고 생각하는 일을 습관으로 만들고 있다. 지금까지 이야기한 티끌 다이어트라든가, 운동이라든가, 6시간 수면도 그렇다. 취미 생활도, 기타 수업도 마찬가지다. 또 그 밖에도 수많은 작은 습관이 있다. 가령 인사장을 쓰는 습관도 그중 하나다. 시간을 내서 나를 만나준 사람, 세미나에 와준 사람, 엽서나 인사장을 보내준 사람, 선물을 준 사람 등에게 반드시 고마운 마음을 담아 인사장을 보낸다. 아내가 도시락을 만들어줬을 때는 내가 도시락을 먹는 모습을 휴대전화로 찍어서 보낸다. 아내에게 직접 "고마워"라고 말하지 못할 때는 다른 방법으로 고마운 마음을 전한다. 이것도 습관이다.

나는 매일 아침 나무에 물을 준다. 이것은 습관이자 나 자신의 인간성을 재는 척도이기도 하다. 지금까지 나는 물을 주는 것을 잊어버려 많은 나무를 말라죽게 했는데, 그러던 어느 날 깨달았다. '나는 매일 아침밥을 챙겨 먹으면서 나무에 물을 주지 않다니 이기적이구나. 남을 배려하지 않는 행위구나.' 그 뒤로는 나무에 물을 주는 것이 상대를 배려하는 훈련이 되었다.

또한 현관에는 신발을 한 켤레만, 그것도 가지런히 놓는 습관도 들였다. 신발을 몇 켤레씩 내놓다보면 현관이 복잡해진다. 현관이 복잡하면 생활도 복잡해진다. 아니, 생활이 복잡하니까 현관도 복잡해지는지도 모른다. 그래서 한 켤레 이외에는 반드시 신발장에 넣어 현관을 깨끗하게 정리한다.

그런데 이것이 습관으로 정착하니 이번에는 다른 방이 마음에 걸렸다. 현관만 깨끗하고 다른 방은 지저분한 것은 이상하다는 생각이 들었다. 그래서 다른 방도 조금씩 정리하기 시작했다. 이와 같이 한 가지를 시작하면 다른 것도 정돈된다. 나는 '좋은 습관은 이런 식으로 확대되는구나'라는 것을 느꼈다.

좋은 습관을 만든 결과 나쁜 습관을 고친 경우도 많다. 첫째는 텔레비전을 보는 습관이다. 옛날에는 텔레비전 뉴스 보기를 좋아해서 시간이 나면 6시, 7시, 9시, 11시 뉴스를 연속으로 봤다. 그러나 그날의 뉴스는 전부 똑같다. 똑같은 뉴스를 계속해서 볼 시간을 사람들과 만나는 소중한 시간으로 조금 더 할애하거나, 취미 시간을 늘리는 편이 낫다. 그렇게 생각한 뒤로는 텔레비전을 거의 보지 않게 됐다.

또 예전에는 신칸센을 탈 때마다 심심풀이로 잡지나 스포츠신문을 읽었지만 지금은 원고를 쓰는 시간으로 활용하고 있다. 따라서 스포츠신문이나 주간지를 사지도 않는다. 또 매일 술을 마시는 나쁜 습관도 있었는데, 이것도 고쳤다.

중요한 것이 결정되면 불필요한 것이 보이기 시작한다. 반대로 중요한 것을 결정하지 못하면 불필요한 것들 때문에 바빠진다. 그러니 소중한 것을 소중히 여기자. 그러면 필연적으로 좋은 습관이 몸에 배고, 나쁜 습관과 이별할 수 있을 것이다.

 **좋은 습관을 들이면 나쁜 습관은 저절로 사라진다.**

02
하루 24시간의
기본 사이클을 정한다

습관화하면 전자동으로 할 수 있다

나의 기본적인 하루 사이클을 소개하겠다.

- 아침 5시에 기상
- 5시부터 5시 반까지 준비하기(옷 갈아입기, 화장실에서 볼일 보기 등)
- 여름에는 5시 반부터, 겨울에는 5시부터 40분간 실외에서 달리기한 후 스트레칭(해돋이를 보고 싶으면 계절에 맞춰 달리는 시간을 조정한다.)
- 집에 돌아와 근력 운동하기(팔굽혀펴기와 윗몸일으키기 각각 50회씩)
- 나무에 물주기
- 아침 목욕하기 30분(욕조에 몸을 담그고 음악을 들으며 긴장을 푼다.)
- 아침 식사 30분(아침 식사는 아내와 함께 보내는 소중한 시간이다.)

- 서재로 가서 10~15분 동안 수첩 열어보기(오늘 할 일을 최종 확인하고 이번 주에 무엇을 할지 결정한다.)

그리고 일을 시작한다. 먼저 이메일과 페이스북을 확인하고 일단 전부 창을 닫는다. 그런 다음 마감이 코앞으로 다가온 것은 뒤로 빼고 '긴급하지 않은 중요 사항'부터 시작한다. 내 경우는 단행본 원고를 쓰거나 인사장을 쓰는 일이 여기에 해당한다. 솔직히 마음 같아서는 그날 저녁까지 써야 하는 메일매거진부터 손을 대고 싶다. 그러나 마감이 급한 일을 제일 먼저 처리하면 해야 할 일을 다 한 기분이 들기 때문에 급하지는 않지만 중요한 일을 하지 않게 된다. 그래서 나는 오전을 '성역(聖域)'으로 여겨, '긴급하지 않은 중요 사항'을 진행하는 시간으로 결정하였다.

오후부터는 그날의 일정에 따라 일한다. 그리고 밤에는 10시 30분에 침대 속으로 들어가 30분 동안 독서를 한다. 그리고 11시에 잠이 들어 6시간 수면을 준수한다. 이것이 나의 하루 습관이다.

습관은 참으로 편리하다. 우리는 이를 닦는 습관이 있기 때문에 이를 닦지 않으면 개운하지 않다. 개운하지 않으니까 이를 닦는다. 이런 식으로 습관은 일단 몸에 배면 머리를 쓰지 않고도 자동으로 할 수 있다. 그러므로 의도적으로 습관을 들이는 것이 중요하다.

시간을 정하면 생활이 정돈된다

옛날에 내 방은 물건을 쓰고 그 자리에 내버려두는 바람에 항상 지저분했다. 바닥이 보이지 않을 만큼 지저분한 방이었다. 그러나 물건을 놓을 장소를 정하고 쓰고 나면 반드시 원래의 위치에 가져다놓은 뒤로는 방이 깔끔해졌다. 생활도 마찬가지다. 시간을 정하면 생활이 깔끔해진다.

가령 나는 아침 5시로 기상 시간을 정했다. 그러나 원고 마감 전 등에는 아무래도 사이클이 흐트러지기 쉽다. '어제 한밤중까지 원고를 쓰는 바람에 아침에 일어나지 못했어. 뭔가 생활이 불규칙해졌어'라는 생각이 든다. 그렇게 느꼈다면 당황하지 말고 느긋하게 다시 정해진 시간을 지키면 된다. 즉 다시 아침 5시에 일어나기 시작하면 습관이 다시 가동되기 시작한다.

시간을 확실히 정하면 인생을 정리 정돈할 수 있다. 아무리 시간이 어지럽혀져도 되돌릴 장소가 준비되어 있기 때문이다.

주의해야 할 점은 처음부터 하루 24시간을 전부 정하지 않는 것이다. 처음부터 시간을 정해 전부 지키기는 불가능하며, 무리하다가는 계속하지 못하게 된다. 그러므로 처음에는 자신의 일상에서 하고 싶은 일, 바꾸고 싶은 일을 두세 가지 정도만 습관으로 바꿔나가자. 그런 다음 조금씩 습관을 늘리고 수정하면서 발전시키면 된다. 나도 처음부터 하루의 사이클을 전부 결정하지는 않았다. 러닝을 계속하고 싶어서 아침 6시부터 달리는 습관을 들였다. 이어서 하체뿐만 아니라 상체도 단련하고 싶어서 근력 운동을 하는 습관을 들였다. 그전까지는 적당한 시간에 목욕을 했지만 운동을 해서 땀을 흘린 뒤에 하는 편이 좋겠다 싶어서 아침 목욕 시간을 정했다. 또 몸을 씻기만 하면 시간이 아깝다고 생각해 그 시간에 음악을 들으며 마음을 안정시키기로 했다. 이런 식으로 습관을 하나하나 늘려나갔다.

하고 싶지만 시간이 없어서 지금까지 하지 못했던 일, 바꾸고 싶지만 뒤로 미뤘던 일을 꼭 습관화하기 바란다. 예를 들어 최근에 가족과 대화하는 시간이 없는 것 같으면 가족과 시간을 보내는 습관을 들인다. 체력이 떨어졌다 싶으면 가벼운 운동부터 습관화한다. 하고 싶은 일을 습관화해나가면 인생이 극적으로 달라진다.

전부터 하고 싶었던 일, 바꾸고 싶었던 일은 서두르지 말고 조금씩 습관화시켜 나가자.

03
인간관계를 소중히 여기는 습관을 들인다

좋은 인간관계를 맺어주는 습관

　인생의 고민 중 80퍼센트는 인간관계에 관한 것이라고 한다. 인간관계는 그만큼 중요하며 인생을 좌우한다. 그러므로 인간관계에 관한 습관을 결정하면 그 습관은 인생을 크게 바꿀 힘이 되어간다.

　나는 인간관계에 관한 습관을 몇 가지 만들었다.
　첫째는 앞에서도 잠시 언급했지만 인사장을 쓰는 습관이다. 예전에는 엽서나 편지를 어떤 때는 열심히 답장을 쓰고, 또 어떤 때는 귀찮아서 쓰지 않았다. 이 때문에 그때그때의 기분과 상황에 좌우되는 나 자신에게 스트레스를 느꼈다. 또 붓글씨로 쓴 엽서나 예쁜 편지지에 쓴 인사장을 받으면 감동하면서도 적당히 고른 편지지에 볼펜으로 대충 갈겨썼다. 내용도 제각각이었다. 이것을 보면서 나는 '마음이 담겨 있지 않아. 어떻게든 고치자'라고 생각했다.

그래서 인사장을 쓸 '준비'를 시작했다. 엽서에 우표를 붙이고 내 이름과 주소를 새긴 도장을 찍어놓는다. 메시지를 적는 면에는 "감사합니다", "잘 부탁드립니다" 등의 글자가 새겨진 도장을 찍고 내 이름을 새긴 도장도 찍어놓는다. 엽서에 메시지를 적고 나서 우표를 붙이고 내 주소를 적으려고 하면 귀찮아서 쓰기가 싫어진다. 그래서 나는 메시지만 적으면 즉시 우체통에 넣어 보낼 수 있도록 나만의 엽서를 만들어 보관하고 있다. 그리고 외출할 때 반드시 20장 정도를 가지고 다니면서 시간이 날 때 메시지를 적는다. 이렇듯 때로는 습관화하는 데도 준비가 필요한 법이다.

세상은 은혜를 주고받는 가운데 성립한다

나는 세미나를 개최하고 있지만 반대로 "저희 세미나를 보러 오시지 않겠습니까?"라는 초대도 많이 받는다. 옛날에는 재미있을 것 같은 세미나, 흥미가 있는 세미나에만 간다는 기준으로 갈지 말지를 결정했었다. 그러나 요즘은 나를 초대해준, 나를 소중하게 여겨준 상대에게 보답하는 마음으로 직접 초대 전화를 받거나 단체 메일이 아닌 개인 메일을 받으면 가급적 참석한다. 이것이 현재 나의 가치관, 내 나름의 인간관계를 위한 습관이다.

이렇게 생각하게 된 배경에는 '세상은 은혜를 주고받는 가운데 성립한다'라는 생각이 자리하고 있다. 예전에는 세상의 모든 경제 행위는 '가치와 가치의 교환을 통해 성립한다'고 생각했다. 예를 들어 재미있는 세미나, 도움이 되는 세미나이니까 1만 엔을 낸다. 1만 엔의 가치가 있으니까 그 세미나에 간다고 생각했다. 그러나 세상은 그것만으로는 돌아가지 않는다. 물론 경제 합리성은 기본이지만, 이와 함께 은혜를 주고받는 가운데 관계가 성립함을 깨달았다.

내 세미나에는 참가비만큼의 가치가 있다고 생각해서 오는 사람도 있을 것이다. 그러나 가령 '항상 재미있게 읽고 있는 메일매거진의 저자인 오구라 씨가 세미나를 여는구나. 그렇다면 가서 응원해야지', '오구라 씨가 오랜만에 여는 세미나니까 가서 분위기를 띄우자'라는 생각으로 오는 사람도 있다. 사실 사회는 이런 관계성을 바탕으로 돌아간다. 이 사실을 깨달은 나는 나를 소중히 여겨주는 상대에게 은혜를 갚기 위해, 그 인간관계를 소중히 여기자고 결정했다. 그리고 이를 위해 인간관계를 습관화하기로 했다.

다만 초대를 받은 세미나 파티에 참석하고 싶어도 내가 낼 수 있는 시간에는 한계가 있다. 그래서 나는 초대를 받았다면 짧은 시간이라도 참석하며, 2차에는 참석하지 않기로 결정했다. 파티에서 인사말을 부탁받을 때가 있는데, 그럴 때는 인사말만 하고 돌아오기도 한다. 마치 정치가 같아서 건방져 보일지도 모르지만, 왕복 시간을 희생하면서 얼굴을 비추고 싶은 나의 마음을 이해해주지 않을까 생각한다.

　내가 바쁜 와중에도 이렇게까지 하는 이유는 사람들과의 인연을 소중히 여기고 싶기 때문이다. 내가 존경하는 철학자 모리 신조 선생은 엽서를 받으면 아무리 바빠도 만사를 제쳐놓고 답장부터 썼다고 한다. 이에 관해 모리 선생은 "저는 만난 적도 없고 얼굴도 모르는 훌륭한 선생의 책을 읽기보다 만난 적이 있는, 인연이 있는 사람을 소중히 여기는 인생을 살고 싶습니다"라고 말했다. 인연을 소중히 여기는 삶이 인생을 소중히 여기는 삶이라는 말이다. 그 생각에 깊이 공감한 나는 아무리 바빠도 인사장을 쓰기로, 세미나 파티에 참석하기로, 사람들과의 인연을 소중히 여기는 인생을 살기로 결정하고 조금씩 실천하고 있다.

 **결단** 인연을 소중히 여기는 사람이 되자.

04 공부하는 습관을 들인다

공부는 살아가면서 꼭 해야 하는 것

40대에 적극적으로 하기를 바라는 것, 그것은 바로 '학습'이다. 40대가 되면 어느 정도 일에 능숙해져 부하직원을 가르치는 입장이 되어 있을 것이다. 그렇게 되면 어떤 일이 일어날까? '나는 이제 공부할 게 없어'라고 착각하고 만다.

"공부를 할수록 자신이 아무것도 모른다는 사실을 깨닫게 된다. 아무것도 모름을 알게 되는 만큼 더 공부하고 싶어진다."

이것은 아인슈타인이 한 말이다. 인간은 아무리 나이가 들었다고 해도 학습을 통해 성장할 수 있다. 성장한다는 것은 살아 있다는 것이다. 즉 학습하지 않으면 살아 있는 의미가 없다. 나는 이렇게 말할 수 있을 만큼 공부가 중요하다고 생각한다.

'더 이상 공부할 필요는 없어. 이제 와서 무슨 공부를 시작해.' 이런 잘못된 생각을 하기 쉬운 40대일수록 공부하는 습관을 들여 자신의 부족함을 깨닫기 바란다. 그리고 깊이 공부하기 바란다.

그렇다면 무엇을 공부해야 할까? 손쉽게 할 수 있는 공부로는 독서가 있다. 모리 신조 선생은 "독서는 마음의 영양분이다"라고 말했다. 사람은 아침, 점심, 저녁에 걸쳐 밥을 먹는다. 밥을 먹지 않으면 짜증이 나고, 아예 먹지 않으면 생명유지에도 지장을 받게 된다. 그래서 무슨 일이 있어도 밥을 먹는다. 독서도 이와 마찬가지로 사람이 살아가는 데 필수적인 요소다. 사람은 하루만 책을 읽지 않아도 퇴화한다. 그러므로 독서도 밥을 먹는 것처럼 중요하게 생각해야 한다. 이것이 모리 신조 선생의 주장이다. 그래서 나는 잠자기 전 30분을 독서 시간으로 결정했다.

우리는 인간관계나 공부 같은 긴급하지 않지만, 중요한 사항을 뒤로 미루는 경향이 있다. 그러나 대인관계나 공부는 살아가는 데 그 무엇보다도 중요하다. 그런 중요한 인간관계와 공부를 소홀히 하지 않도록 오늘부터 습관화하겠다고 결정하자.

다른 사람과 함께 공부하라

나는 컨설턴트가 되었을 즈음에 여러 가지 공부를 했다. 심리학, 사회학, 철학, 문화인류학이 그것이다. 이들 학문은 현재 나의 지식

기반이 되었다. 그러나 동양적인 학문은 전부 버렸다. 그런데 컨설턴트로 계속 일하다 보니 내가 해왔던 공부에 한계를 느끼기 시작했다.

'컨설팅에 꼭 필요한 공부는 전부 한 줄 알았는데, 뭐가 부족한 것이지?'

이런 식으로 막연히 고민하던 무렵, 한 권의 책을 만나게 되었다. 그리고 그 책에 쓰여 있던 불교와 유교의 가르침을 읽은 순간, 나는 눈앞의 안개가 환하게 걷히는 느낌과 함께 '내가 찾던 답이 바로 여기 있었어!'라고 마음속으로 외쳤다. '동양적인 학문은 인생의 심연(深淵)을 통찰한다.' 이렇게 느낀 나는 동양적인 학문을 공부하려고 즉시 관련 서적들을 닥치는 대로 구입해 의기양양하게 공부를 시작했다.

그런데 불교 서적도 그렇고 논어 등의 사서오경도 그렇고 너무 두꺼운데다 한자투성이에 지나치게 어려웠다. 또 사용된 단어 자체가 난해해서 사전이 없으면 진도를 나가기가 쉽지 않았다. 마음으로만 '공부해야지. 공부해야지'라고 생각하는 가운데 책은 점점 쌓여갔고, 그대로 방안 한쪽 구석에 방치된 채 몇 년이 흘렀다. 쌓여 있는 책을 곁눈질로 바라보면서 '공부해야 하는데. 하지만 너무 어려워'라고 망설이는 나날이 계속되었다.

'이대로는 평생이 가도 공부를 할 수 없어. 무슨 방법이 없을까?'

이런 고민에 빠져 있을 때 몇 가지 사건이 겹치며 '좋았어. 해보자'라는 결심으로 시작한 것이 앞에서도 언급한 공부 모임이다. 이 모임을 시작한 계기 중 하나는 '다른 사람들을 끌어들여서 공부할 수밖에 없는 상황으로 나를 몰아가기 위해서'였다.

나는 리더이므로 공부를 안 할 수가 없다. 게다가 주위 사람들에게 공부 모임에 대한 구상을 이야기했더니 많은 사람이 함께 공부하고 싶다며 참가를 자청했다. '나 자신이 공부할 수 있을 뿐만 아니라 함께 공부하고 싶다는 동료의 요청이 있다. 이것은 일석이조가 아닌가? 그렇다면 해보자.' 이런 생각으로 공부 모임을 시작한 것이다.

덕분에 '동양 철학의 명저를 한 달에 한 권씩 사람들에게 해설할 수 있을 만큼 깊게 읽는다'라는 목표가 생겼다. 참가자들 역시 공짜로 좋은 공부를 할 수 있다며 좋아했다. 나도 참가자들도 배울 것이 있는 인생과 삶의 자세에 관한 공부 모임, 나는 이 학습 습관을 평생 지속하고자 한다.

먼저 독서부터 시작한다

무엇을 공부해야 할지 잘 모르겠다는 사람은 먼저 흥미가 있는 장르의 독서부터 시작해보면 어떨까? 혼자서 책을 읽어도 좋지만, 독서 커뮤니티에 참여하거나 가족 또는 친구와 주제를 정하고 토론하는 것도 좋은 방법이다. 이렇게 해서 사람들을 끌어들이면 공부를 즐겁게 그리고 오래 계속할 수 있다.

 독서 습관은 평생 공부의 지름길이다.

05
메모하는 습관을 기른다

수첩의 가장 중요한 기능

매일 아침 일을 시작하기 전에 수첩을 펼친다. 이것은 매우 중요한 습관이다. 수첩을 보고 오늘 하루 무엇을 할지 일정을 다시 한번 세우면서 하고 싶은 일을 머리에 떠올린다.

나는 수첩을 펼쳤을 때 왼쪽에 일주일분의 일정을 적고, 오른쪽에는 193페이지의 그림과 같은 8가지 항목의 목록을 적는다. 상단은 업무와 관련된 칸으로 각각 '고객', '직원', '집필', '미래의 새로운 일'을 적는다. 그리고 하단은 사생활과 관련된 칸으로서 각각 '가족', '친구', '건강과 취미', '파운데이션(자질구레한 불안요소)'를 적는다. 이 8가지 항목은 전부 내 인생에서 매우 중요한 것들이다. 나는 매일 아침 이 빈칸들을 10분 동안 바라보며 대상을 마음속에 떠올리면서 '무엇을 해줄 수 있을까? 무엇을 할 수 있을까?'라고 생각하며 내가 할 수 있는 일들을 창조해나간다.

예를 들어 '직원' 항목의 경우는 '최근에 직원 중 A씨가 기운이 없어 보여. 이번 주에 그 친구를 불러서 밥이라도 같이 먹으러 갈까?'라는 식이다. '가족'의 경우는 '어제 아내가 거리를 걷는데 꽃가게의 꽃이 참 예쁘다고 말했지? 오늘 퇴근길에 꽃을 사가지고 갈까? 좋아할지도 몰라'라는 식이다. 이런 식으로 머릿속에 떠오르는 내용을 적으면서 그것을 언제 몇 시에 할지 일정을 채워나간다. 결코 처음부터 정해져 있는 업무만을 수첩에 적는 것이 아니다. 이렇게 내가 할 수 있는 일, 하고 싶은 일들을 적어나가며 되고 싶은 나 자신을 적극적으로 만들어나간다.

흔히 사람들은 잊어버리지 않도록 약속을 적거나 해야 할 일을 메모하는 것만이 수첩의 용도라고 생각한다. 즉 '해야 할 일=MUST'를 일정화하는 것이 수첩의 기능이라고 생각한다. 그러나 이것은 수첩의 기능 중 10퍼센트 정도에 불과하다. 수첩의 가장 중요한 기능은 '되고 싶은 나 자신이 되기 위해 할 수 있는 일이나 해야 할 일들을 적어넣으면서 창조해나가는 것'이다.

이렇듯 창조하는 시간을 습관화해 머리에 떠오른 내용을 전부 적어나가면 인생이 밝아지고 행복한 미래가 가까워진다. 이를 위해서는 먼저 수첩에 적는 시간을 일정에 포함시켜야 한다. 습관화하는

ː 수첩을 효과적으로 사용하는 방법 ː

— '해야 할 일'이 아니라 '하고 싶은 일'을 기입한다

고객	직원	집필	미래의 새로운 일
· ○×상사의 F전무가 흥미를 보였던 책을 보내준다. · □○제작소의 Y부장에게 프로젝트 진행 상황을 확인한다. ·	· A와 밥을 먹으러 간다. · B를 세미나에 데리고 간다. ·	· 다음 책의 소재가 될 것 같은 자녀 교육 세미나에 참가한다. · 존경하는 작가 Z씨를 소개받아 만나러 간다. ·	· 영화 관련 일을 하고 있는 C씨에게 이야기를 들으러 간다. · NPO 설립 준비를 위해 지진 복구 자원봉사에 참가한다. ·

가족	친구	건강과 취미	파운데이션
· 아내를 위해 꽃을 사온다. · 한 달에 한 번은 아내와 영화를 보러 가는 습관을 들인다. · ·	· 러닝 동료인 D씨에게 마라톤 대회 팸플릿을 보낸다. · E씨를 식사에 초대한다. · ·	· 기타 조율을 의뢰한다. · 한 달에 한 번은 밴드 동료들과 합동 연습을 한다. · ·	· 가전제품을 수리한다. · 건강 검진을 신청한다. · ·

것을 습관화한다. 먼저 이것부터 시작하자.

자질구레한 일들을 처리하는 방법

8가지 항목 중 하나인 '파운데이션'은 '생활의 기초, 토대'라는 의미다. 가령 세금 내기, 관공서에 가서 필요한 서류 제출하기, 은행에 가기 등이 그것이다. 또 집과 관련된 일로는 망가진 가전제품 수리 맡기기, 대형 폐기물 스티커 사오기, 목욕탕 청소하기, 깨진 도시락통 바꾸기 등이 있다. 이런 자질구레한 일들을 나는 '파운데이션'이라고 부른다.

이런 자질구레한 일들을 결코 무시해서는 안 된다. 이런 작은 일들을 처리하지 않고 그대로 방치하면 마음이 불안해지거나 초조해진다. 파운데이션은 포도주잔의 구멍에 비유할 수 있다. 당신이 포도주잔에 포도주를 따르는 모습을 상상해보자. 그런데 그 포도주잔에는 구멍이 뚫려 있어서 아무리 포도주를 따라도 잔이 가득 차지 않는다. 그때 당신은 어떻게 하겠는가? 포도주를 계속 따르겠는가, 아니면 구멍을 막겠는가? 상식적으로 생각하면 구멍이 뚫려 있는 채로는 아무리 포도주를 계속 따른다고 해도 의미가 없다. 그래서 다들 "구멍을 막아야지"라고 대답한다. 사실 여기에서 말하는 포도주는 바로 당신의 에너지를 의미한다. 그리고 포도주잔에 뚫린 구멍은 당신의 에너지를 빼앗는 '자질구레한 일들'이다. 즉 파운데이션이 처리되고 있지 않다는 의미이다. 생활의 기반이 되는 작은 일들을 처리하지 않으면 그 일들은 당신의 에너지를 계속해서 빼앗는다. 반대로 그 일들을 처리하면 당신은 중요한 업무나 사생활을 충실히 해낼 수 있다.

나는 이런 자질구레한 일들을 '불안요소 목록(파운데이션)'이라고 부른다. 불안요소가 세 가지 이상 쌓이면 나는 막연한 불안감에 휩싸인다. 그래서 불안요소를 수첩에 적어넣고 하나하나 순서대로 처리하는 습관을 들였다. 파운데이션은 마음의 에너지와 일에 대한 의욕에까지 큰 영향을 끼침을 명심하자.

사소한 예정도 전부 적어넣어라

매일 아침에 하루의 일정을 다시 세울 때 중요한 일은 약속 이외의 예정도 전부 적는 것이다. 나는 어디를 갈 때 옷을 갈아입고 가방에 물건을 챙기는 등의 외출 준비 시간도 예정에 적어넣는다. 뿐만 아니라 지하철을 타거나 걷는 등의 이동 시간도 적는다. 또 파운데이션으로 분류되는 자질구레한 작업도 전부 예정에 적어넣는다. 안 그러면 정말로 비는 시간을 파악할 수 없기 때문이다. 다만 이렇게까지 세세하게 적었다고 해도 일정이 수시로 바뀔 수 있는데, 그럴 때는 계획을 변경하면 된다. 그래서 나는 지워지는 볼펜인 프릭션펜으로 필기를 하고 필요할 때마다 일정을 변경해나간다. 당신에게도 이 제품을 추천한다.

　어차피 예정대로 진행되지 않을 계획을 세우는 것은 시간 낭비라며 계획 세우기를 포기하는 사람이 많을 것이다. 그러나 계획을 세웠지만 예정대로 진행되지 않은 날과 애초에 계획을 세우지 않아서 예정대로 진행되었는지 아닌지조차도 알 수 없는 날의 충실감은 전혀 다르다. 먼저 예정을 수첩에 적어넣고 일정을 스스로 조정해나가는 것이 중요하다. 그러다 보면 수첩에 적은 계획 중 어느 정도가 달성될지 예상할 수 있게 된다. 그리고 좋은 습관이 몸에 배어 인생이 바뀐다. 그래서 수첩에 적는 습관이 중요한 것이다.

**인생을 바꾸고 싶다면 수첩 활용을
습관화하라.**

Chapter 9.
흔들리지 않는 가치관을 만든다

01
상대의 평가를 신경 쓰지 않는다

타인에게 나의 생사여탈권을 주지 마라

과거에 나는 타인에게 비판을 받으면 '내가 틀렸구나'라며 자신을 책망했다. 그리고 나에 대한 나쁜 평판을 들으면 '나한테 문제가 있구나'라는 생각에 기가 죽었다. 나는 남의 눈이나 평가를 굉장히 신경 쓰는 사람이었다. 그래서 타인에게 비판을 받으면 마음이 괴롭고, 칭찬을 받으면 기분이 좋았다. 당시의 나는 타인의 평가가 나에 대한 '최종 판단'이라고 생각했다.

30세에 처음으로 관리직이 되어 부하직원을 두게 되면서, 타인에게 비판을 받거나 좋지 않은 소문이 퍼지는 일이 전보다 더 많아졌다. 나는 그것이 괴로워서 힘든 나날을 보냈고, 나도 모르는 사이에 우울증에 걸리고 말았다. 태어나서 처음으로 정신과 치료를 받으면서 생각했다. '나는 왜 이렇게 고민하고 있을까? 왜 이렇게 괴로워하고 있을까?'에 대해 깊이 생각하고 또 생각했다. 그리고 마침내 '타인의 평가로 나를 판정하고 있었다'는 사실을 깨달았다.

사람은 무책임하게 타인을 평가하고 소문을 퍼뜨린다. 그리고 세상의 평판이나 소문에 쉽게 좌우된다. 이렇게 해서 근거 없는 평판과 소문이 재생산되고, 다시 무책임한 소문이 퍼진다. 그런 무책임한 소문이나 평판을 진지하게 받아들일 필요는 없다. 상대가 무책임하다면 이쪽 역시 무책임해도 될 것이다. 그런데 우리는 그것을 금과옥조로 여기며 그대로 받아들인다. 그리고 자신의 소문이나 평판을 들을 때마다 자살을 생각할 만큼 심각하게 고민하거나 잘못된 소문을 퍼뜨리지 못하게 하겠다며 상대를 바꾸려 한다.

그러나 타인의 입에 자물쇠를 채우기는 불가능하다. 과거와 타인은 바꿀 수 없는 것이다. 그렇다면 어떻게 해야 할까? 자신이 바뀌면 된다. 앞으로는 타인의 의견에 좌우되지 않으면 된다. 타인의 평가를 신경 쓰지 않는 삶을 살자. 나는 마음속으로 굳게 맹세했다.

공감하되 동의하지 않는다

그렇다면 어떻게 해야 타인의 평가에 좌우되지 않을까? 상대와 자신을 동일시하지 않도록 사고방식을 바꾸자. 심리학에서 말하는 상대와 자신 사이에 경계선을 긋는 방법이 효과적이다.

우울증에 걸렸을 때 나는 반년 정도 카운슬링을 받았다. 그때 카운슬러는 양 손가락을 단단하게 깍지 낀 채로 나를 향해 "오구라 씨는 타인과 이렇게 되고 싶어 하는 버릇이 있습니다"라고 말했다. 즉 상대와 내가 하나가 되어야 한다, 좀 더 알기 쉽게 말하면 상대에게 나의 생각을 강요하고 싶어 한다는 것이다. 그때 나는 그 말이 맞는지도 모른다고 느꼈다. 그 무렵 나는 상사로서 부하직원이 내 의견에 반대할까봐 겁을 냈다. 부하직원이 "노"라고 말하면 무능한 상사, 구제불능이라고 나를 부정하는 것처럼 느껴졌기 때문이다. 그 고통에서 해방되고 싶어 부하직원을 내 생각대로 움직이려고 했고, 부하직원은 당연히 내게 더 반발하고 멀어져갔다. 이런 악순환이 반복되며 고통을 받았던 것이다.

그 이야기를 했을 때 카운슬러는 이렇게 말했다. "상사의 의견과 부하직원의 의견은 달라도 됩니다."

하나가 되지 않아도 된다. 타인이므로 의견이 달라도 상관없다. 그 말을 듣자 내 눈앞에 짙게 끼어 있던 안개가 환하게 걷히는 기분이었다.

그때까지 나는 상사와 부하직원의 의견이 다르면 조직이 단결되지 못한다고 생각했다. 그러나 상사와 부하직원의 입장은 다를 수 있다. 의견이 다른 것은 당연한 일이다. 그 사실을 깨달은 뒤로 마음이 훨씬 편해졌다.

이것은 직장에서만 적용되는 이야기가 아니다. 가정에서도 남편과 아내의 의견이 다른 것도 당연한 일이다. 억지로 의견을 하나로 만들 필요는 없다. 또 하나가 되지 않더라도 그것은 결코 자신의 무능함이나 무력함을 의미하지 않는다. 이 사실을 배웠을 때 인생의 중대한 문제가 해소된 듯한 커다란 안도감을 느꼈던 기억이 지금도 생생하다.

그런데 서로의 의견이 다르면 이야기를 할 때 어떻게 해야 할까? 서로의 의견이 정면으로 충돌하면 아마도 싸움으로 발전할 것이다. 그렇다고 해서 상대에게 맞추면 스트레스가 된다. 달라도 상관없다는 사고방식은 이론적으로는 이해가 돼도 현실에서는 잘 받아들여지지 않는다. '혹시 내 생각이 틀린 것은 아닐까?' 이렇게 고민하던 어느 날, 나는 어떤 책에서 '공감하되 동의하지 않는다'라는 사고방식을 발견했다.

예를 들어 서로 앙숙인 요미우리 자이언츠의 팬과 한신 타이거즈의 팬이 있다고 가정하자. 요미우리 팬이 "자이언츠가 최고야"라고 말한 순간 한신 팬이 "무슨 소리야? 한신이 최고지. 네가 틀렸어"라고 응수하면 말싸움이 될 것은 불을 보듯 뻔하다. 그럴 때는 '공감하되 동의하지 않는다'라는 정신을 발휘하면 된다. 요미우리 팬이 "자이언츠가 최고야"라고 말하면 "그래, '너는' 그렇게 생각하는구나"라고 '공감'한다. 그리고 "하지만 난 한신이 최고라고 생각해"라며 '동의'는 하지 않는다. 즉 '너는 자이언츠가 최고라고 생각할 수 있다'라는 생각의 자유에 공감할 뿐, '자이언츠가 최고다'라는 의견에는 공감하지 않는다. 이것이 '공감은 하되 동의하지 않는다'는 사고방식이다.

　예전의 나는 공감했다면 동의해야 한다고 생각했다. 그래서 공감하지 못하고 금방 "아니, 요미우리보다는 한신이 더 강해!"라고 싸움을 걸었다. 즉 동의할 수 없으면 공감도 하지 말아야 한다고 생각했다. 이래서는 상대와 공감할 수가 없다. 그러나 사람의 가치관은 저마다 다르다. 그러므로 공감은 하되 동의하지 않으면 된다. 나는 이 사고방식을 안 덕분에 '공감'과 '동의'를 분리할 수 있게 되었고, 나와 상대의 사이에 경계선을 긋는 요령을 깨달았다. 그러자 인간관계로 고민하는 일이 크게 줄어들었고, 스트레스도 함께 크게 줄어들었다.

**'공감'과 '동의'를 분리하는 순간
인간관계의 고민에서 해방된다.**

02

나 자신의 평가는 스스로 한다

자신만의 기준을 만들어라

타인의 의견에 좌우되지 말자. 나는 나, 남은 남이다. 100명이 있으면 100가지의 의견이 있다. 사람들은 흔히 이렇게 말한다. 그러나 타인의 평가를 전혀 신경 쓰지 않는다는 것은 말처럼 쉬운 일이 아니다. 신경 쓰지 않으려고 애써도 신경이 쓰이며, 억지로 참으면 그것이 고통으로 바뀐다.

'단순히 타인의 평가를 신경 쓰지 않으려고 노력만 하는 건 위험해. 상대의 평가가 신경 쓰이지 않도록 더 소중한 것으로 나 자신을 채워야 해.'

이렇게 느낀 나는 나만의 기준을 만들어 스스로를 평가하기로 했다. 고민 끝에 만들어낸 나의 평가 기준은 두 가지다.

첫 번째 기준은 이기적이 아니라 이타적인 마음으로 행동했느냐다. 즉 내 생각만 하지 않고 상대를 배려하거나 모두를 위한 길인지를 충분히 고려하며 행동했느냐다.

두 번째 기준은 그 신념에 따라 120퍼센트 노력했느냐다.

나는 이 두 가지 기준에 대한 나의 평가가 '합격'이라면 설령 결과가 좋지 못하더라도 나에게 합격점을 주기로 했다. 반대로 이 두 가지 중 하나라도 '불합격'이라고 생각한다면 타인의 평가가 아무리 높다고 해도 내게 낙제점을 준다. 이 두 가지 기준을 가짐으로써 나는 비로소 '내게 합격점을 주는 사람은 오직 나, 내게 낙제점을 주는 사람도 오직 나, 타인의 평가는 상관없어'라고 생각할 수 있게 되었다. 그 뒤로는 남들이 무슨 말을 하든 신경 쓰지 않는다. 드디어 타인에게 휘둘리지 않는 인생을 손에 넣은 것이다.

그러나 이 사고방식은 위험성도 내포하고 있다. 자칫하면 타인의 의견을 듣지 않고 무조건 내 생각이 옳다는 식의 독불장군이 될 우려가 있다. 그 위험성을 배제하기 위해서는 공개적인 시스템으로 자신의 기준을 만들어야 한다. 예를 들어 타인의 의견을 들으면서 자신의 기준을 만드는 것이다. 그러나 타인의 의견을 들으면 마음이 흔들려서 또다시 타인의 기준에 휘둘릴 위험성도 있다. 그래서 앞에서도 설명한 공감하되 동의하지 않는 정신이 중요하다. 타인의 의견을 듣되, 받아들일 때는 받아들이고 받아들일 수 없을 때는 받아들이지 않는다. 의견을 받아들일 때도 맹목적으로 상대의 의견에 맞추는 것이 아니라 잘 곱씹어서 자신의 의견 속에 담아야 한다.

자신의 내부에 기준을 만들고 자신의 평가는 스스로 한다. 그러나 그 기준은 공개적인 시스템으로 만들며, 일단은 백지 상태의 마음으로 상대의 의견을 받아들여 자신의 것으로 확립해간다. 이것은 결코 쉬운 일이 아니다. 그러나 타인에게 휘둘리지 않는 인생을 손에 넣으려면 이 방법밖에 없다.

시뮬레이션을 철저히 하라

"직원들이 부장의 방식을 도저히 이해하지 못하겠다면서 내게 상담을 하러 왔네."

나는 D부장에게 면담을 요청했다. D부장은 시선을 아래로 향한 채 내 이야기에 "네……. 그렇군요"라며 고개를 끄덕였고, 마지막에 고개를 숙이며 "죄송합니다"라고 말했다. '내 마음을 이해해줬구나. 다행이야…….' 이렇게 생각한 나는 D부장에게 기대를 품으며 "앞으로도 잘해봅시다"라는 말로 면담을 끝마쳤다.

그리고 다음 날, 이번에는 D부장이 "잠시 드릴 말씀이 있습니다만……"이라며 나를 찾아왔다. D부장에게 힘이 되어주고 싶었던 나는 즉시 시간을 내어 그의 이야기를 들어보기로 했다. 그런데 D부장의 입에서 나온 말은 "사장님은 어제 그런 식으로 말씀하셨지만, 사실 너무한 건 사장님 아닙니까?"라는 항의였다. '어떻게 된

거지? D부장은 어제 내 마음을 이해했던 게 아니었나?' 당황하는 내게 D부장은 봇물이 터진 듯 쉴 새 없이 항의를 하기 시작했다.
"사장님은 제 상사이면서 부하직원들과 한통속이 되어 저를 공격하시다니 너무합니다. 저를 무능하다고 말씀하시는 사장님이야말로 노력이 부족한 게 아닙니까?"

나는 D부장의 예기치 못한 항의에 마치 외야에서 수비를 하다가 관중석에서 던진 공에 뒤통수를 얻어맞은 듯한 충격을 받았다. 그리고 '내가 잘못한 건가?'라는 생각과 함께 나의 기준이 크게 흔들리는 것을 느꼈다.

자신만의 기준을 흔들림 없이 유지하기 위해서는 타인으로부터 예상치 못한 반격을 당하거나 자신의 기준이 틀렸다고 공격받는 상황 등을 전부 예상해 철저히 시뮬레이션을 해놓아야 한다. 시뮬레이션이 부족하면 예상치 못한 사태가 발생했을 때 나처럼 쉽게 흔들린다.

자신을 스스로 평가하기 위한 기준을 결정하려면 역설적이지만 타인의 평가를 시뮬레이션해야 한다. 그래야 비로소 흔들리지 않는 자신의 기준을 확립할 수 있다. 그렇게 하지 않으면 비판당할 때마다 기준이 흔들릴 것이다.

 **결단** 흔들리지 않는 자신만의 기준을 세워라.

03

덕을 쌓으며 살겠다

결단에는 자신감이 필요하다

　40대가 되면 우리는 직장에서 리더의 위치에 오르며 가족 속에서는 수많은 책임을 지게 된다. 괴로운 결단, 어려운 결단을 계속 요구받는 시기라고 할 수 있다. 그러나 이 세상에 단 하나의 정답은 없다. 답은 사람에 따라 다르며 시기에 따라서도 달라진다. 설령 같은 사람이 같은 상황에 대해 생각을 하더라도 정답은 두 가지일 수도 있고, 세 가지일 수도 있다. 그러나 우리는 그중에서 한 가지만을 선택해야 한다. 그것이 인생이다.

　정답은 한 가지가 아니므로 어느 것을 선택하든 반드시 누군가에게 비판을 받게 되어 있다. 그러나 그렇다고 해서 마음이 흔들리거나 판단이 흔들리면 인생이 괴로워진다.

　그렇기 때문에 '믿고 돌진하는 힘'이 중요하다. 자신감을 가지고 선택하면 성공으로 이어진다. 반대로 자신감이 없어 마음이 동요하면 잘될 일도 잘되지 않는다. 그런 의미에서 생각해보면 일의 성패를 가르는 중요한 토대는 '자신감이 있느냐 없느냐'라고 할 수 있다. 따라서 어려운 결단을 수없이 강요받는 40대는 누가 비판을 하든, 반대를 하든 과감하게 앞으로 나아가는 강한 자신감을 가져야 한다. 그렇다면 자신감을 갖기 위해서는 어떻게 해야 할까? 자신감을 갖는 방법 중 하나로 '덕을 쌓는다'가 있다.

양덕으로 빼앗긴 에너지를 음덕으로 보충한다

좋은 일, 즉 덕을 쌓는 데는 '양덕(陽德)'과 '음덕(陰德)'의 두 종류가 있다. '양덕'은 좋은 일을 하고 있음을 남들에게 공개하면서 행하는 것이다. 한편 '음덕'은 아무에게도 말하지 않고 조용히 좋은 일을 하는 것이다. 그런데 재미있게도 이 두 가지를 통해 얻을 수 있는 결과는 정반대다. 양덕을 쌓으면 사람은 에너지를 빼앗긴다. 한편 음덕을 쌓으면 사람은 에너지가 쌓인다. 왜 그렇게 될까? 나의 예를 들어 설명하겠다.

나는 메일매거진이나 책을 통해 나의 경험을 전하는 것이 신이 내게 부여한 사명이라고 생각한다. 그래서 어떤 좋은 일을 하면 정직하게 메일매거진이나 책에 쓴다. "거리에 떨어진 쓰레기를 줍기 시작했습니다. 청소를 했더니 마음이 깨끗해졌습니다" 같은 경험을 전하는 것이다. 이것은 이른바 양덕이다. 그러나 이런 이야기를 책이나 메일매거진, 강연회 등에서 하면 십중팔구 이런 비판을 받는다.

"저 인간, 잘난 체하고 있네."
"그런 걸 남들에게 떠벌리는 순간 의미가 퇴색하는 거야."
이렇게 받지 않아도 될 공격을 받게 된다.

내가 주최하는 공부 모임에서 있었던 일이다. 사전에 스태프와 찻집에서 미팅을 하고 함께 회장으로 향했는데, 길에 쓰레기가 많이 떨어져 있었다. 나는 길을 걸을 때 눈앞에 쓰레기가 있으면 줍기로 결정하고 이를 실천하고 있다. 그래서 당연히 그곳의 쓰레기도 줍고 싶었다. 그러나 남들과 있을 때 쓰레기를 줍는 것은 솔직히 굉장히 고민되는 일이다. 사람들 앞에서 쓰레기를 주우면 왠지 잘난 척하는 것 같고, 주위 사람들에게까지 쓰레기를 주우라고 강요하는 느낌이 들어 거부감을 준다. 그렇다고 해서 '그러면 오늘은 쓰레기를 줍지 말자'라며 모른 척하면 "이 사람, 말로는 쓰레기가 보이면 줍는다면서 안 줍네?"라는 비판을 받게 될 것이다. 해도, 안 해도 비판을 받는 것이다. 사실 이때는 동료들과 함께였기 때문에 비판받을 일은 없었지만, 이와 같이 양덕은 에너지를 빼앗기는 것이 보통이다. 그러므로 덕을 쌓으려면 몰래 음덕을 쌓는 편이 에너지도 커지고 즐겁다.

리더에게 필요한 덕이란 무엇인가?

애초에 리더는 "고객이 기뻐할 일을 하자. 고객에게 만족을 주도록 노력하자"라고 외치는 것이 일이다. 리더의 이런 행동은 그야말로 양덕 그 자체다. 그러므로 리더는 에너지를 빼앗긴다. 리더가 항상 괴로운 이유는 이 때문이다. 그러나 리더는 흔들리지 않기 위해, 망설이지 않기 위해 자신감을 가져야 한다. 그래서 음덕을 쌓을 필요가 있다. 음덕을 쌓으면 '나는 옳은 일을 하고 있다'라는 자신감으로 이어지기 때문이다.

음덕을 쌓는 행위로는 다음과 같은 것이 있다. 공공장소 청소하기, 지하철에서 노약자에게 자리 양보하기, 무거운 짐 들어주기, 주위 사람들에게 감사의 마음 전하기, 상대를 받아들이고 인정하기, 상대의 아픔이나 괴로움 이해하기, 기부하기 등이다. 이런 행위를 아무에게도 말하지 말고 묵묵히 계속하는 것이 중요하다.

다시 좀 전의 이야기로 돌아가면, 나는 모임 회장까지 가는 길에 떨어진 쓰레기를 줍기로 했다. 그러나 다른 사람들에게 보이기 싫어 스태프들로부터 뒤처져서 걸으며 그들이 보지 않을 때 쓰레기를 주웠다. 그러나 결국 들켜서 스태프들로부터 "오구라 씨는 역시 대단하시네요. 저희는 줍지 않아서 죄송합니다"라는 말을 들었다. 이에 "아닙니다. 여러분이 미안해할 일은 전혀 없습니다. 어디까지나 내 마음대로 쓰레기를 줍겠다고 결정한 것이니까 여러분까지 그러실 필요는 없습니다"라고 대답은 했지만, 역시 양덕은 에너지를 빼앗김을 새삼 느꼈다.

양덕으로 빼앗긴 에너지는 음덕을 쌓아서 보충하는 수밖에 없다. 즉 리더의 자리에 오르는 40대는 음덕을 쌓아야 한다. 리더로서 해야 할 일, 즉 양덕을 쌓기 위해 음덕으로 에너지를 보충한다. 결국 리더는 시종일관 덕을 쌓아야 한다. 리더라는 자리가 괴로우며, 무엇보다도 배움과 성장의 기회가 가득함을 여기에서도 알 수 있다.

리더는 반드시 음덕과 양덕, 양쪽을 모두 쌓아야 함을 명심하자.

리더는 남에게 보여지는 양덕도 필요하지만, 남몰래 선행을 베푸는 음덕도 필요하다.

04
스스로에게 하는 변명은 이제 그만

자신이 결정한 것을 지키자

자신감을 키우기 위한 방법으로, 앞에서 이야기한 음덕을 쌓는 방법 이외에 누구나 할 수 있는 방법이 있다. 바로 자신과의 약속을 지키는 것이다. 사람은 자신과의 약속을 지키면 자신감을 손에 넣으며, 타인과의 약속을 지키면 신뢰를 손에 넣는다. 자신감과 신뢰, 양쪽을 얻기 위해서는 약속을 꾸준히 지켜나가는 방법밖에 없다.

나는 1장부터 8장에 걸쳐 앞으로 40세를 맞이할 당신에게 인생에서 중요한 것들을 소개했다. 업무에 관해, 가족과 친구에 관해, 집과 돈에 관해, 자신의 마음과 몸에 관해, 취미에 관해, 습관화에 관해 이야기했다. 이것은 전부 행복한 인생을 보내기 위해 중요한 것들이다. 그리고 지금 이 자리에서 당신에게 힘주어 전하고 싶은 것이 있다. 지금까지 이야기한 인생에서 중요한 것들을 스스로 하겠다고 결정하기 바란다. 그리고 일단 결정했으면 변명하지 않고 반드시 하겠다고 결심하기 바란다.

왜 변명을 하면 안 될까? 그것은 변명을 한 번 할 때마다 자신의 에너지와 자신감을 잃어가기 때문이다. 사람은 에너지와 자신감을 잃으면 판단이 흔들리고 마음이 동요한다. 그러면 에너지까지 빼앗긴다. 그렇게 해서 인생이 악순환에 빠진다. "역시 내게는 무리야"라든가 "하지만 바빠서 말이지"라고 핑계를 대며 자신이 결정한 것을 지키지 못할 바에는 처음부터 하지 않겠다고 결정하는 편이 훨씬 낫다.

하겠다고 결정하면 '변명 없이' 그 결정을 지켜나간다. 만약 할 수 없다면 '하지 않겠다'라고 결정한다. 그러면 자신의 에너지가 커지고 자신감이 붙는다. 자신과의 약속을 지키는 것이 흔들리지 않는 인생, 행복한 인생을 손에 넣는 유일한 길이다.

그 회사는 나 스스로 선택했다

그렇다고 해도 세상의 모든 일을 스스로 결정할 수 있는 것은 아니다. 가령 회사에 다닌다면 어느 부서에 배속되느냐는 인사부나 상사가 결정권을 갖고 있다. 그러므로 당신은 "이 부서에 배속된 건 인사 명령이지, 내 결정이 아니야. 인사부가 멋대로 결정한 거야"라고 말할지 모른다. 그러나 그런 식으로 생각하는 것은 이미 자신에게 변명을 하고 있다는 의미다. 인사부의 명령이라 한들 우리는 얼마든지 선택할 수가 있다. 배속된 부서가 마음에 들지 않는다면 거절하면 된다. 이렇게 말하면 사람들은 "그랬다가는 회사에서 쫓겨나잖아?"라고 말하는데, 그것은 회사이므로 당연한 일이다. 무엇인가를 선택하면 반드시 의무가 따른다. 회사라면 인사부의 배속 명령에 따를 의무가 있다. 그러나 그 명령을 거절하지 않은 당신은 '거절하지 않음'을 선택한 셈이다. 즉 '거절하지 않고 이 회사에 남겠다'라고 스스로 결정했다는 의미이다.

나도 리쿠르트에 있었을 때 비슷한 일을 겪었다. 어느 대기업의 안건에 대해 담당 영업사원과 내 상사가 "이 안건은 반드시 따내겠어!"라고 의기투합했다. 그리고 담당자로 나를 지목했다. 그러나 그 안건의 내용은 대부분 담당 영업사원과 상사 사이에 이미 결정된 상태였다. 내가 생각할 여지는 거의 남아 있지 않아 보였다. 나는 심통이 났다. '뭐야, 이거? 위에서 멋대로 결정해놓고 나한테는 닥치고 일만 하라는 거야?'라는 생각에 의욕을 잃었다. 그런 상태에서 만든 기획서가 통과될 리가 없었고, 결국 그 안건을 성사시키지 못하고 놓치고 말았다.

그러나 지금은 깨달은 것이 있다. 리쿠르트라는 회사를 선택한 사람은 바로 나 자신이며, 그 회사를 스스로 선택한 이상 상사의 결정에 따르는 것 또한 나의 의사다. 결코 누군가가 내게 억지로 떠맡긴 일이 아니다. 만약 당시 이렇게 생각을 고쳐먹고 내 의지대로 일했다면 아마도 다른 결과가 나오지 않았을까 생각한다. 사람은 강요당했다는 의식을 갖는 순간 에너지를 빼앗긴다는 사실을 실감한 사건이었다.

예전의 나처럼 지금의 직장을 스스로 선택했으면서 "억지로 강요당했어. 하고 싶지 않아"라며 변명하는 사람이 있다. 그리고 "이런 회사 다니고 싶지 않아"라고 불평한다. 그러나 앞에서도 말했듯이 당신에게는 싫으면 그만둔다는 선택지가 항상 존재한다. 아무도 당신을 억지로 잡아둘 수는 없다. 그런데도 당신이 그 회사에 있다는 것은 그 직장을 스스로 선택했다는 의미다. 그 사실을 직시하고 타인의 탓으로 돌리지 말아야 한다. 변명하지 말아야 한다. 자신의 결정을 지켜야 한다. 그렇게 해서 자신과의 약속을 지켜나가면 당신은 틀림없이 커다란 자신감을 손에 넣을 수 있을 것이다.

 자신의 현재 모습은 과거에 스스로 '결정'한 결과이다.

05
스스로 정한 운명을 받아들인다

이유를 발견하면 받아들일 수 있다

내가 존경하는 철학자 모리 신조 선생이 자주 사용한 말로 '최선관(最善觀)'이라는 것이 있다.

"모든 일은 하늘이 가장 좋은 방향으로 결정한 것이다. 그러므로 일어난 모든 일에는 의미가 있으며, 그것은 좋은 일이다."

즉 자신에게 일어난 모든 일을 받아들인다는 발상이다.

좋은 일이 있었을 때 '신이시여, 감사합니다'라고 생각하기는 간단하다. 그러나 싫은 일 또는 괴로운 일이 있었을 때는 좀처럼 그것을 받아들이지 못한다. 가령 암에 걸렸을 때 '잘 걸렸어'라고 생각하기는 힘들다. 가족이 죽었을 때 누군가가 당신에게 "잘된 일이라고 생각해"라고 말한다면 받아들일 수 있겠는가? 아마도 대부분은 받아들이지 못할 것이다. 그것이 인지상정이다.

그렇다면 그것을 '신이 보낸 메시지'라는 말로 바꿔서 생각해보면 어떨까?

'신이 보낸 메시지'란 무엇일까? 그것은 받아들이기 어려운 사건이 일어났을 때 그것을 '이 일을 계기로 무엇인가를 배워라. 변화하라'는 신의 메시지로 생각하는 것이다. 가령 암에 걸렸을 때 그것을 신이 보낸 메시지라고 생각해보자. 그러면 자신이 암에 걸린 것은 '건강하지 못한 생활을 고쳐라'라든가 '지금도 아직 늦지 않았다. 만약 더 늦게 알았다면 너는 죽었을지도 모른다'라는 메시지로 받아들이는 것이다.

이런 식으로 신이 보낸 메시지의 봉투를 열어 무엇이라고 적혀 있는지 해석한다. 그러면 그 사건이 일어난 이유나 의미를 발견할 수 있다. 이유가 발견되면 사람은 괴로운 일도 받아들일 수 있게 된다. 그리고 일어난 일을 잘된 일로 받아들일 수 있게 된다.

다시 말해 최선관이란 일어난 일을 '잘됐어'라고 생각하는 것이 아니라 '잘된 일로 받아들일 수 있는 사고방식'이다.

신이 보낸 메시지를 해독하라

신이 보낸 메시지에는 두 가지 특징이 있다.

첫째는 아무리 도망쳐도 세상 끝까지 쫓아온다는 것이다. 그리고 둘째는 도망치면 문제가 점점 커진다는 것이다.

예를 들어 당신과 부하직원의 인간관계가 원활하지 못하다고 가정해보자. 이 경우 아마도 당신은 과거에 어떤 형태로든 신이 보낸 메시지를 받았을 것이다. 당신은 그 시점에 그것을 깨닫고 행동을 고쳤어야 했다. 그러나 당신은 그것을 깨닫지 못하고 문제를 전부 부하직원의 탓으로 돌릴 뿐 행동을 바꾸지 않았다. 그래서 다시 똑같은 문제가 일어난 것이다.

'상사인 네가 바뀌어야 한다는 것을 이제 슬슬 깨달아라'라는 메시지에서 이런 의미를 발견해야 하는 것이다.

그런데 신이 보낸 메시지를 읽지 못하고 회사를 옮기는 등 그곳에서 도망쳤다고 가정해보자. 그러면 그 메시지는 반드시 당신이 도망친 곳으로 쫓아온다. 게다가 그 문제는 전보다 더 커진 채로 당신을 습격한다. 전에는 작은 돌멩이 정도였던 것이 커다란 돌덩이가 되고, 마침내는 거대한 바위가 되어 당신이 가는 길을 가로막을 것이다. 당신은 이제 도망도 치지 못한다. 자신의 문제와 정면으로 마주하는 수밖에 없게 되는 것이다.

사실 매일 일어나고 있는 싫은 일의 대부분은 '신이 보낸 메시지'를 해독하지 않고 도망친 자신에게 원인이 있다. 도망치면 자기 자신은 아무 것도 달라지지 않는다. 따라서 문제는 점점 커진다. 그리고 거대한 바위에 짓눌려 뼈가 부러지거나 목숨을 잃을 지경이 되고서야 비로소 깨닫고 후회한다. '생활방식을 좀더 일찍 바꿨다면 이런 병에 걸리지 않았을 텐데, 좀 더 일찍 아내를 이해해줬다면 되돌릴 수 있었을지도 모르는데, 불평하지 않고 열심히 노력했다면 해고당하지 않았을 텐데'라는 후회가 밀려올 것이다.

메시지를 무시하고 도망만 치면 결국은 최종 국면을 맞이하게 된다. 좋지 않은 일, 싫은 일이 있으면 그것을 기회라고 생각해야 한다. 최종 국면을 맞이하기 전에 깨달을 기회를 신이 준 것이라고 생각해야 한다.

40세를 맞이하면서 더는 자신에게 변명을 하거나, 남 탓을 하거나, 도망만 치는 인생을 살지 않겠다고 결심하지 않겠는가?

아무리 받아들이기 어려운 일이 일어나도 그것을 '신이 보낸 메시지'라고 받아들이자. 그리고 자신을 바꿔나가자. 그럴 수 있게 되면 당신은 틀림없이 멋진 40대를 맞이하게 될 것이다.

당신이 최고의 40대를 맞이하기를 기원한다.

 **신이 보낸 메시지를 읽고, 변화하겠다고 결심하라.**

| 에필로그 |

리더십이란
인생을 사는 자세다

나는 약 20년 전에 리더십 전문가로서 조직 인사 컨설팅을 시작했는데, 현재는 조직론보다 인생론에 관한 글을 훨씬 더 많이 쓰고 있다. 그러나 내가 생각하기에 이것은 지극히 자연스러운 일이며 필연이다.

"리더십이란 곧 인생을 사는 자세다."

이 말은 20년 동안 리더십을 연구해온 내가 내린 결론이다. 좋은 리더가 되기 위해 필요한 것은 자질구레한 테크닉이 아니다. 삶의 자세 자체를 바꾸는 것이다. 삶의 자세를 바꾸지 않은 채 테크닉에 의존하는 리더십은 금방 들통이 난다. 마음이 실리지 않은 커뮤니케이션 기술은 결국 멤버들에게 무시당하게 된다.

그래서 나는 테크닉이 아니라 삶의 자세에 초점을 맞춰 이 책을 집필했다. 그리고 이것은 곧 내가 생각하는 '리더론'이다.

리더란 직함에 '장(長)'이 붙는 사람을 가리키는 것이 아니다. 평사원이든 아르바이트나 파트타이머든 파견사원이든 팀에 좋은 영향을 주는 사람은 모두 리더이며, 그 영향을 리더십이라고 부른다. 나의 사명은 한 명이라도 더 많은 리더를 세상에 배출해 사회에 공헌하는 것이다. 이를 위해 나의 경험을 공개하면서 서투르지만 삶의 자세에 관해 이야기하려 노력하고 있다.

손해를 보지만 멋지다

최근에 컨설팅 현장에서 자주 듣는 말이 있다. "리더가 되고 싶어 하지 않는 젊은이가 늘고 있다"라는 말이다.

"상사를 보면 윗사람에게 혼나고 아랫사람에게 치이고 참 불쌍해 보여."

"리더가 되기보다는 플레이어로 남는 편이 이익이야. 리더가 되면 책임질 일이 많아지고, 다른 사람들의 뒤치다꺼리도 해야 하니까 손해야."

이 책에서도 언급했지만 이런 목소리가 여기저기에서 들린다. 이렇게 말하는 그들에게 나는 소리 높여 말하고 싶다.

"그래도 리더가 되시오!"

"주위에 좋은 영향을 줘서 'ㅇㅇ씨처럼 되고 싶어'라는 말을 듣는 멋진 40대가 되시오!"

리더는 분명히 괴로운 자리다. 그리고 수지가 맞지 않을 수도 있다. 손익을 계산하면 손해가 더 클지도 모른다. 그러나 그렇기 때문에 리더가 되기를 바란다.

손익의 관점으로는 리더를 할 수 없다. 리더란 손해인 줄 알면서 누군가에게 도움을 줄 수 있어야 하기 때문이다. 진정한 리더란 자신이 하고 싶은가 하고 싶지 않은가가 중요한 것이 아니라 사람들이 원한다면 자진해서 나선다. 이것이 리더가 리더인 이유다. 나는 당신이 이런 사람이 되기를 바란다.

좋은 리더가 된다는 것은 더 멋진 삶을 산다는 것과 동의어다. 그리고 반대도 마찬가지다. 더 멋진 삶을 산다는 것은 좋은 리더가 된다는 것과 동의어다.

직함이나 지위와 상관없이 우리가 소속된 직장, 업계, 지역, 가족, 커뮤니티 등에서 모든 멤버에게 도움이 된다. 이것이 바로 좋은 리더가 되는 것이다. 설령 선두에 서지 않아도 음지에서 뒷받침하는 리더십 또한 훌륭하다. 그런 삶의 자세는 참으로 멋지다. 그리고 그것은 후회 없는 삶의 자세가 될 것이다.

　이 책을 통해 당신이 그런 삶의 자세에 반걸음이라도 가까워지도록 도울 수 있다면 그보다 더 큰 기쁨은 없을 것이다. 그리고 나 또한 좋은 리더에 반걸음이라도 가까워지도록 노력을 계속하고 싶다.
　끝까지 읽어주신 독자 여러분에게 진심으로 감사의 인사를 전한다.

지은이 오구라 히로시

38세까지 반드시 결정해야 할 것들

2014년 6월 10일 초판 1쇄 인쇄 | 2014년 6월 15일 초판 1쇄 발행

지은이 오구라 히로시 | **옮긴이** 김정환 | **펴낸이** 이종근
편집 은영미 | **디자인** 이창욱 | **마케팅** 황호진 | **관리** 김규환, 안수정
펴낸곳 나라원 | **출판신고** 1988. 4. 25(제300-1988-64호)
주소 서울 종로구 종로53길 27 나라원(우. 110-840)
전화 대표 02-744-8411 편집부 02-744-7008~9 | **팩스** 02-745-4399
홈페이지 www.narawon.co.kr | **이메일** narawon@narawon.co.kr

ISBN 978-89-7034-229-0 (13320)

- 잘못 만들어진 책은 구입하신 서점에서 교환해드립니다.
- 책값은 뒤표지에 있습니다.